/哲学通识读本/ 主编 唐正东 张 亮

逻辑思维与表达

王克喜 黄 海 编著

南京大学出版社

图书在版编目(CIP)数据

逻辑思维与表达 / 王克喜，黄海编著. — 南京：南京大学出版社，2019.8
（哲学通识读本）
ISBN 978-7-305-22449-2

Ⅰ. ①逻… Ⅱ. ①王… ②黄… Ⅲ. ①逻辑学－研究 Ⅳ. ①B81

中国版本图书馆 CIP 数据核字(2019)第 150969 号

出版发行　南京大学出版社
社　　址　南京市汉口路 22 号　　邮　编　210093
出 版 人　金鑫荣

丛 书 名　哲学通识读本
书　　名　逻辑思维与表达
编　　著　王克喜　黄海
责任编辑　耿士祥　蒋桂琴　　　编辑热线　025-83592655

照　　排　南京南琳图文制作有限公司
印　　刷　江苏凤凰通达印刷有限公司
开　　本　635×965　1/16　印张 12.25　字数 194 千
版　　次　2019 年 8 月第 1 版　2019 年 8 月第 1 次印刷
ISBN 978-7-305-22449-2
定　　价　38.00 元

网址：http://www.njupco.com
官方微博：http://weibo.com/njupco
微信服务号：njuyuexue
销售咨询热线：(025) 83594756

* 版权所有，侵权必究
* 凡购买南大版图书，如有印装质量问题，请与所购图书销售部门联系调换

发挥哲学在通识教育中的作用，
办好中国特色的世界一流大学
（代序）

张一兵

"办好中国的世界一流大学，必须有中国特色。我们要认真吸收世界上先进的办学治学经验，更要遵循教育规律，扎根中国大地办大学。"这是习近平总书记对于中国高等教育事业所提出的殷切希望，也指明了中国大学的未来发展方向。中国大学的沉浮，映射了近代以来的国运兴衰。从在民族救亡中发轫和竞争对话中摸索，到专业化的大发展和素质教育的改革，再到面向世界一流大学的探索，中国现代高等教育已经走过了两个甲子的不凡之路。今天，办好中国通识教育的理念已经深入人心。通识教育以培养具备远大眼光、通融见识、博雅精神和优美情感的完整的人为目标。作为"爱智"之学，哲学本身就与通识教育的精神内在相通，并且在通识教育的发展中发挥着核心和基础的作用。它在培育学生的理性批判思维，引导当代大学生正确认识自己、认识社会以及人与社会的关系，形成理性地驾驭自我和从容处世的能力，进而成长为"扎根中国、胸怀世界、勇于创新"的现代人的过程中，具有不可替代的重要作用。

2009年以来，为适应国家和社会发展需要，创新人才培养模式，南京大学全面推行了"三三制"本科教学改革。经过五年多的努力，以这一改革为龙头的南京大学通识教育建设已取得了显著成效，在国内和国际高等教育界产生了重大反响。借助于改革所搭建的制度平台、开辟的实践空间，南京大学哲学系严格贯彻"三三制"本科教学改革的理念，坚持走以质量提升为核心的内涵式发展道路，结合自身学科特色和优势，从顶层设计出发，紧紧围绕"认识世界，咨政育人"这一根本宗旨，以"主流价值观的引导、传统文化的传承和创新思维的培养"为核心导向,精心打造了包括高水平通识课、高年级研讨课、新生研讨课和文化素质课在内的四级哲学类通识课程体系,为积极发挥哲学通识教育在咨政育人、创新人才培养和思想政治教育方面的功能做出了有益探索。

2015年1月,中共中央办公厅和国务院办公厅印发的《关于进一步加强和改进新形势下高校宣传思想工作的意见》强调指出:"要充分发挥高校哲学社会科学育人功能,深化哲学社会科学教育教学改革,充分挖掘哲学社会科学课程的思想政治教育资源。"为贯彻落实这一文件精神,南京大学哲学系和南京大学教务处、南京大学出版社展开通力合作,在借鉴国外一流大学成功经验的基础上,推出了这套与课程体系相匹配的哲学通识教材,全面普及哲学知识,启迪智慧,系统强化哲学的育人功能。

据我所知,这是国内高校自主编写的第一套比较全面、系统的哲学类通识教材。我衷心地希望,这套教材的出版能够为进一步深化南京大学"三三制"教学改革,积极提升南京大学人才培养质量,建构具有南京大学特色的通识教育模式和教材体系提供有益探索。

目 录

绪 论 ·· 1

第一章 概念与表达 ·· 11
  第一节 概念概述 ·· 11
  第二节 概念与表达 ·· 18

第二章 判断与表达 ·· 42
  第一节 判断概述 ·· 42
  第二节 直言判断概述 ·· 48
  第三节 关系判断 ·· 52
  第四节 联言判断 ·· 53
  第五节 相容选言判断 ·· 55
  第六节 不相容选言判断 ·· 56
  第七节 充分条件假言判断 ·· 57
  第八节 必要条件假言判断 ·· 60
  第九节 充分必要条件假言判断 ································ 61
  第十节 模态判断 ·· 62

第三章 思维规律与表达 ·· 64
  第一节 同一律 ·· 64

第二节　不矛盾律 …………………………………… 69

第三节　排中律 ……………………………………… 72

第四节　充足理由律 ………………………………… 76

第四章　推理与表达 ……………………………………… 78

第一节　推理概述 …………………………………… 78

第二节　直言判断的变形推理 ……………………… 78

第三节　三段论推理 ………………………………… 79

第四节　联言推理 …………………………………… 82

第五节　相容选言推理 ……………………………… 83

第六节　不相容选言推理 …………………………… 84

第七节　充分条件假言推理 ………………………… 84

第八节　必要条件假言推理 ………………………… 85

第九节　复合命题的负命题及其等值命题 ………… 86

第十节　二难推理 …………………………………… 87

第十一节　反三段论 ………………………………… 90

第五章　预设与表达 ……………………………………… 91

第一节　预设概述 …………………………………… 91

第二节　预设的析出与应用 ………………………… 99

第六章　非形式谬误与表达 …………………………… 106

第一节　非形式谬误概述 …………………………… 106

第二节　非形式谬误的种类 ………………………… 106

第七章　诡辩与表达 …………………………………… 117

第一节　诡辩的特征 ………………………………… 117

第二节　诡辩的种类 ………………………………… 122

第三节　反诡辩常用的逻辑技巧 …………………… 129

第八章　逻辑思维的物质载体与表达 …… 136
　第一节　当心文字陷阱 …… 137
　第二节　语言"游戏" …… 138

第九章　言语交互行为的表达机制 …… 155
　第一节　言语交互行为理论溯源 …… 158
　第二节　言语交互行为的层级划分和表达直觉生成 …… 159
　第三节　言语交互行为中的逻辑直觉表达机制 …… 160
　第四节　言语交互行为中的情感直觉表达机制 …… 163
　第五节　结　语 …… 164

第十章　会话含义与表达 …… 165
　第一节　会话的产生 …… 165
　第二节　会话的进行 …… 167

参考文献 …… 186
后　记 …… 188

绪　论

美国人明恩溥所著的《话说中国人》据说影响力很大,最近读了之后感觉错谬多多,特别是他在该书第十章谈到中国人思绪混乱时尤有很多值得商榷的地方。在谈到人称代词"ta"时,他认为:

> 这个单音节的"ta"更经常地是指一个关系代词,或者一个指示代词,或者一个限定性的形容词。在这些情况下,一位中国人的谈话就好比英国法庭上这样一位证人的证词,这位证人是这样来描述一场殴斗的:"他有一根棍子,他也有一根棍子,他狠命打他,他也狠命打他,如果他打他打得像他打他那样狠,他就会杀了他,而不是他杀他了。"①

他由此认为,中国有些人心智混乱与汉语的代词有关。推而广之,明恩溥的观点可以引申出这样的观点:汉语的特点导致了中国人的思绪混乱。这种观点已经受到越来越多的学者的质疑,但明恩溥描述的这种表达确实存在逻辑思维混乱的问题。

所以,不管怎样,我们的表达一定要符合逻辑思维,要让汉语的表达同样结出逻辑的硕果。

在论述之前,我们引用某学者举例说明中国人是如何辩论煤球的黑白问题的:

甲:煤球是白的。
乙:谁说的?
甲:张三、李四都说是白的,某教授、某部长也都说是白的,能有错吗?
众人:哦,原来煤球是白的。

类似的例子,在中国的社会生活中司空见惯,而西方人一般不会这样来论证一个问题。首先,西方人会问"为什么?"其次,他会要求对方证实

---

① 明恩溥:《话说中国人》,吴杉译,新世界出版社,2016年,第62—69页。

自己的说法,或者拿个煤球看看,是否白的。从这里可以看出中国人思维的脉络。在这场对话中,某某人说煤球是白的,与煤球真实的颜色没有任何逻辑关系,没有任何求证过程。再次,我们看不出对话中有什么思维过程,也未看出有什么思辨方法。

再看他们下一步的对话:

(有一位好事者丙拿来一个煤球)

丙:哥们儿,你看,煤球是黑的。

甲:现在当然……但是煤球在 800 ℃时是红的,1 300 ℃时是白的,烧完之后还是白的。大家评评理:煤球在 1 300 ℃是不是白的?我说的有什么错?

丙:我说的是常温下……(被甲打断)

甲:你没有说是常温下嘛!

丁:丙说的常温下是约定俗成的。

甲:你这是有偏见的,这是外国人标准!我们中国人要用中国的标准。而且煤球烧完之后在常温下也是白的。

丁:你说用什么标准?

甲:外国人只见树木不见森林,你说得太片面,没有从发展和整体的眼光看问题,太偏颇。

丙:从发展的眼光看问题应该是正确的,但是……

甲:(滔滔不绝)你们就不懂辩证法。事物是发展变化的,是有环境和其他客观条件的,你们没有从煤球生成的环境和条件来看问题,看问题不全面。

乙:……

丙:……

甲:……

无休止地辩论。(这时来了一个哥们儿,是一个壮汉,姑且称为戊吧)

戊:哪个王八蛋说煤球是白的?

甲:嘿嘿,君子动口不动手。煤球是黑的还是白的跟我有什么关系?您说煤球是啥颜色就是啥颜色。

(争论到此结束)[1]

---

[1] 楚渔:《中国人的思维批判》,人民出版社,2011年,第19—21页。

这样的表达,既没有逻辑,又充斥着诡辩。

因此,我们在日常表达的时候,无论如何不能忘记逻辑的规则要求,不能忘记思维规律的约束。

在探讨逻辑思维之前,先要探讨思维。所谓思维就是人脑对客观世界的间接的、概括的反映。

思维依据一般的划分又分为形象思维、抽象思维(理性思维)和顿悟思维(灵感思维)。

(一) 形象思维

所谓的形象思维(imaginal thinking),主要是指人们在认识世界的过程中,对事物表象进行取舍时形成的只要用直观形象的表象来解决问题的思维方法。形象思维是在对形象信息传递的客观形象体系进行感受、储存的基础上,结合主观的认识和情感进行识别(包括审美判断和科学判断等),并用一定的形式、手段和工具(包括文学语言、绘画线条色彩、音响节奏旋律及操作工具等)创造和描述形象(包括艺术形象和科学形象)的一种基本的思维形式。

形象思维是用直观形象和表象解决问题的思维,其特点是具体形象性,按发展水平分为三种形态。(1)学龄前儿童(三至六七岁)的思维,只反映同类事物中一般的东西,不是事物所有的本质特点。(2)成人在接触大量事物的基础上,对表象进行加工的思维。(3)也称"艺术思维"。作家、艺术家在创作过程中对大量表象进行高度的分析、综合、抽象、概括,形成典型性形象。这是文学艺术创作过程中主要的思维方式,借助于形象反映生活,运用典型化和想象的方法,塑造艺术形象,表达作者的思想感情。

形象思维具有如下特征。

1. **形象性**

形象性是形象思维最基本的特点。形象思维所反映的对象是事物的形象,思维形式是意象、直感、想象等形象性的观念,其表达的工具和手段是能为感官所感知的图形、图像、图式和形象性的符号。形象思维的形象性使它具有生动性、直观性和整体性的优点。

2. **非逻辑性**

形象思维不像抽象(逻辑)思维那样,对信息的加工一步一步地、首尾相接地、线性地进行,而是可以调用许多形象性材料,一下子合在一起形成新的形象,或由一个形象跳跃到另一个形象。它对信息的加工不是系列加工,而是平行加工,是面性的或立体性的。它可以使思维主体迅速从整体上把握问题。形象思维是或然性或似真性的思维,思维的结果有待于逻辑的证明或实践的检验。

3. 粗略性

形象思维对问题的反映是粗线条的,对问题的把握是大体上的,对问题的分析是定性的或半定量的。所以,形象思维通常用于问题的定性分析。抽象思维可以给出精确的数量关系,所以,在实际的思维活动中,抽象思维往往需要与形象思维巧妙结合,协同使用。

4. 想象性

想象是思维主体运用已有的形象形成新形象的过程。形象思维并不满足于对已有形象的再现,它更致力于追求对已有形象的加工,而获得新形象产品的输出。所以,想象性使形象思维具有创造性的优点。这也说明了一个道理:富有创造力的人通常都具有极强的想象力。

（二）抽象思维

抽象思维(abstract thinking)是人们在认识活动中运用概念、判断、推理等思维形式,对客观现实进行间接的、概括的反映的过程,属于理性认识阶段。抽象思维凭借科学的抽象概念对事物的本质和客观世界发展的深远过程进行反映,使人们通过认识活动获得远远超出靠感觉器官直接感知的知识。科学的抽象是在概念中反映自然界或社会物质过程的内在本质的思想,它在对事物的本质属性进行分析、综合、比较的基础上,抽取事物的本质属性,撇开其非本质属性,使认识从感性的具体进入抽象的规定,形成概念。科学的、合乎逻辑的抽象思维是在社会实践的基础上形成的。

抽象思维作为一种重要的思维类型,具有如下特征。

1. 概括性

所谓思维的概括性,包含两层意思:第一,能找出一类事物所特有的共性并把它们归结在一起,从而认识该类事物的性质及其与它类事物的关系。比如,借助思维,人可以把形状、大小各不相同而能结出枣子的树木归为一类,称之为"枣树";把枣树、杨树、银杏、桉树等依据其有根、叶,为木质茎等共性归在一起,称之为"树";还可以把树、草、地衣、青苔等归成一类,称之为"植物",概括出它是由具有细胞壁的细胞构成的、一般有叶绿素、以无机物为养料的生物。这种不同层次的概括,不仅扩大了人对事物的认识范围,而且也加深了人对事物本质的了解。第二,能从部分事物相互联系的事实中找到普遍的或必然的联系,并将其推广到同类的现象中去。比如,借助思维,人可以认识植物与动物、动植物与人类的生态平衡关系,认识温度的升降与金属胀缩的关系,认识体温、生物电及血液成分等变化与人体健康状况之间的联系,等等。这种概括,加深了人对客观事物的内在关系与规律性的认识,有助于人对现实环境的适应、控制与改造。①

2. 间接性

思维的间接性是指人们借助于一定的媒介和知识经验对客观事物进行间接的认识。由于思维的间接性,人们才可能超越感知觉提供的信息,认识那些没有直接作用于人的感官的事物和属性,从而揭示事物的本质和规律。从这个意义上讲,思维认识的领域要比感知觉认识的领域更广阔、更深刻。②

3. 抽象性

思维的抽象性是指对已经获得的大量感性材料、经验事实,使用比较、分类、分析、综合等方法,将一类事物同其他事物区分开来,排除个别的、偶然的、外部的表面现象,抽取出普遍的、必然的、内在的本质或规律。

抽象思维是在分析事物时抽取事物最本质的特性而形成概念,并运用概念进行判断、推理的思维活动。

抽象思维用概念来代表现实的事物,而不像形象思维那样用感知的图画来代表现实的事物;抽象思维用概念间的关系来代表现实的事物之间的联系,而不像形象思维那样用图画的变换来代表现实的事物之间的联系。这为人类超越自己的感官去认清或更加宏观或更加微观或更加快速变化的世界提供了可能性。但是,如果没有抽象思维的准确性,即不能准确界定概念和概念间的关系,这种可能性就无法变成现实性。因此,准确地形成概念以及概念间的关系是抽象思维方法的最基本规则。

(三) 逻辑思维

逻辑思维(logical thinking)是思维的一种高级形式,是指符合世间事物之间关系(合乎自然规律)的思维方式。我们所说的逻辑思维主要指遵循传统逻辑规则的思维方式,常被称为"抽象思维"或"闭上眼睛的思维"。

---

① 章志光:《心理学》(第三版),人民教育出版社,2002年,第17页。
② 章志光:《心理学》(第三版),第18页。

逻辑思维与表达

　　逻辑思维是一种确定的而不是模棱两可的,前后一贯的而不是自相矛盾的,有条理、有根据的思维;在逻辑思维中,要用到概念、判断、推理等思维形式和比较、分析、综合、抽象、概括等方法,而掌握和运用这些思维形式和方法的程度,也就是逻辑思维的能力。

　　逻辑思维是人们在认识过程中借助概念、判断、推理反映现实的过程。它与形象思维不同,是用科学的抽象概念、范畴揭示事物的本质,表达认识现实的结果的。

　　逻辑思维要遵循逻辑规律,这主要是形式逻辑的同一律、不矛盾律、排中律、充足理由律等规律。违背这些规律,思维就会发生偷换概念、偷换论题、自相矛盾、形而上学等逻辑错误,认识就是混乱和错误的。

　　逻辑思维是人脑的一种理性活动。思维主体把感性认识阶段获得的对于事物认识的信息材料抽象成概念,运用概念进行判断,并按一定逻辑关系进行推理,从而产生新的认识。逻辑思维具有规范、严密、确定和可重复的特点。

　　表达是将思维所得的成果用语言语音语调、表情、行为等方式反映出来的一种行为。表达以交际、传播为目的,以物、事、情、理为内容,以语言为工具,以听者、读者为接收对象。

　　——表达是观察、记忆、思维、创造和阅读的综合运用。

　　——表达是各种学习能力、智力的尖端反映。

　　——表达几乎包括了一切高级行为、一切艺术、一切表露出来的情绪。

　　语言表达能力具体指用词准确,语意明白,结构妥帖,语句简洁,文理贯通,语言平易、合乎规范,能把客观概念表述得清晰、准确、连贯、得体,没有语病。

　　逻辑思维表达的功用:(1) 信息获取;(2) 理性决策;(3) 言语沟通;(4) 有效交际;(5) 参与竞争。

　　逻辑思维对现代人生活的诸多方面都有实在的效用,对培养和提高现代社会所需人才和有用人才的素质也大有裨益。

　　亚里士多德指出:"一个不能在体力上保护自己的人应该感到羞耻,而一个不能据理以争来保护自己的人更应该被人耻笑,以理服人比真刀真枪更具人类特色。"

　　逻辑思维表达应该遵守的原则:

1. 遵守逻辑法则

遵守逻辑法则的讨论是讨论也是思想交流的过程,要有条理地进行。例如:

某甲:我有一个朋友,她最近发现自己怀孕了,现在对该去打胎还是保胎正举棋不定。你认为如何?

某乙:我认为打胎就是杀人。你的朋友不愿意当一名杀人犯,对吗?

某甲:当然她不愿当杀人犯!但是你为什么会认为人工流产与杀人是一码事呢?

某乙:因为杀人就是将另一个人杀死。人工流产不就是在杀另一个人吗?

某甲:可是胎儿能算一个人吗?如果已经出生,当然是人无疑。可出生以前,胎儿还在母亲的子宫内能算作人吗?

某乙:我认为是的。不能说胎儿还没有出生就不是人。别忘记,有时婴儿在发育的第七或第八个月时会早产。出生后照样是幸福健康的生命。

某甲:我现在明白你讲的道理了。总之,在医院的特殊帮助下,七个月也罢,八个月也罢,胎儿离开子宫照样能活下来。那么,在胎儿发育的早期阶段呢?当一个卵子受精时,人的生命就开始了。你相信受精卵也是人吗?

某乙:让我想想看。不,我认为受精卵不能算人,而有许多人却认为算人。我认为一个受精卵有成为一个人的可能——但它还不是一个人。

某甲:那么你认为一个胎儿在发育的哪一时刻就可算人了呢?

某乙:问得好,这个问题我还没有真正地考虑过,我想,你可能会说,当一个胎儿看上去像一个人的时候,比如有头、有手、有脚等等,就成为一个人了。或者你也许会说,当一个胎儿的所有器官——肝、肾、肺等——都形成时就成为一个人了。或许你会说,当胎儿的心脏开始跳动时,或当他的大脑发育完全时,就成为一个人了。你也可能会说,当胎儿离开子宫能够生存时,它的生命就开始了。我推想,决定胎儿什么时候成为一个人完全取决于你判断的标准。

某甲:我明白你的话了!既然人类生命的发育是一种由受精卵开始

到婴儿出生的连续过程,那么,决定胎儿什么时候算作人,得看你在发育全过程的哪一个阶段上划线。但是你怎样决定这个界线呢?

某乙:这是另一讨论的好主题。可我现在得去上课了。回头见。

相反,如果不遵守逻辑的法则,就不是正确的合理的表达:

某甲:我有个朋友,她最近发现自己怀孕了,现在对该去打胎还是保胎正举棋不定。你怎么看!

某乙:这个,我认为打胎就是杀人。你的朋友是不愿当一名杀人犯的,对吗?

某甲:你怎么能称她为杀人犯呢?人工流产是一种医疗手术嘛。

某乙:人工流产就是杀人,就是在杀死另一个人。你的朋友没有权利这样做。

某甲:我说,你可没有权利支使她该怎么做,——那是她的身体,由她来决定。谁也无权迫使一个人要一个自己不想要的孩子。

某乙:谁也无权去杀人——这是法律!

某甲:但人工流产不是杀人。

某乙:就是杀人!

某甲:就不是杀人!

某乙:再见!我不能与杀人犯的庇护者对话!

某甲:我也不屑于和爱对别人指手画脚的人来往。

2. 遵守质的原则

(1) 不说你确信为假的话。

反语:例如,X is a fine friend.【X 不是好朋友】

隐喻:例如,You are the cream in my coffee.【你是我的骄傲与欢乐】

缓叙(低调):例如,他已经有些醉意了。【他已经大发酒疯了】

夸张:例如,X 跑得像鹿一样快。【X 跑得非常快】

掩饰:例如,"白巡长……他打开了簿子,问瑞宣:'除了老三病故,人口没有变动吧?'瑞宣十分感激白巡长……低声地回答了一声:'没有变动。'"(老舍《四世同堂》)

(2) 不说你缺乏充分证据的话。

例如,有些人怀着某种目的在微信散布的没有事实根据的传言等就属于此类情形。

3. 遵守量的原则

(1) 不要提供比需要更少的信息。

例如：

① 某哲学系教授给自己的学哲学的学生写的求职推荐信：

亲爱的先生：

  某君精通英语，经常出席导师主持的讨论会。

（某某签名）

② "回家把弟妹接来，她也许不是你理想中的人儿，可是她是你的夫人，一个真人，没有您那些《聊斋志异》！"（老舍《离婚》）

例①中哲学系教授没有讲某君哲学学得如何，而只讲其英语很好，隐含某君哲学学得不好。例②中"没有您那些《聊斋志异》"，故意隐去被说者的浪漫故事。

(2) 不要提供比需要更多的信息。

例如：

赵子曰大声地说："你赶紧跑，到后门里贴戏报子的地方把那张有我的名字的报子揭下来！红纸金字有我的名字，明白不明白？不要鼓楼前贴的那张，那张字少；别揭破了，带着底下的纸揭就不至于撕破了！办得了办不了？"（老舍《赵子曰》）

其实，赵子曰只要说"你去把报子揭回来"就行了，说了那么多，意在表现赵子曰一种喜悦之情。

4. 遵守关系原则

甲："X夫人是个丑八怪。"

乙："今年夏天的天气一直很不错，对吧？"

由于觉得甲说话粗俗，不礼貌，乙改变了话题，以示对甲表达方式的不满。

5. 遵守方式原则

(1) 要避免表达式含混不清。

A：Let's get the kids something.

B：Okey, but Veto C-H-O-C-O-L-A-T-E(Veto＝be against)。

(2) 要避免模棱两可的话。

"四体不勤，五谷不分"，既指四肢不勤快，不分稻麦黍稷菽，也指惟勤四体，惟分五谷。"《论语·微子篇》：'四体不勤，五谷不分。'按两'不'字，皆语词。丈人盖自言'惟四体是勤,五谷是分而已,安知尔所谓夫子?',(我惟知四体勤劳,分辨五谷,怎么能知你所说的夫子呢?)。若谓以'不勤''不分'责子路,则不情甚矣。安有萍水相逢,遽加面斥者乎?"①

(3) 要简洁,避免不必要的冗长。

例如:

"可是,小姐,……你听着,……这是美丰金店六百五十四块四,永昌绸缎公司三百五十五块五毛五,旅馆二百二十九块七毛六,洪生照相馆一百一十七块零七毛,久华昌鞋店九十一块三,这一星期的汽车(费)七十六块五……还有……"(曹禺《日出》)

(4) 要有条理。

6. 遵守得体原则

(1) 礼貌准则。

(2) 得体准则。

a. 最小限度地使别人受损

b. 最大限度地使别人受益

(3) 宽宏准则。

a. 最小限度地使自己受益

b. 最大限度地使自己受损

(4) 赞誉准则。

a. 最小限度地贬低别人

b. 最大限度地赞誉别人

(5) 谦虚准则。

a. 最小限度地赞誉自己

b. 最大限度地贬低自己

(6) 一致准则。

a. 使对话双方的分歧减至最小限度

b. 使对话双方的一致增至最大限度

(7) 同情准则。

a. 使对话双方的反感减至最小限度

b. 使对话双方的同情增至最大限度

---

① 俞樾:《古书疑义举例·助语用"不"例》,中华书局,1956年,第76页。

第一章 概念与表达

第一节 概念概述

一、概念的定义

概念是反映思维对象本质属性的一种思维形式。例如：
① 所有的哺乳动物都是脊椎动物。
② 有的教师是科学家。
③ 所有的腔肠动物都不是脊椎动物。
④ 有的教师不是科学家。
概念具有两个逻辑特性：内涵和外延
概念的内涵是指反映在概念中的思维对象的本质属性。概念的外延是指该概念所指称的一个或者一类对象，也就是概念的所指范围，或者是概念在客观世界中的具体表现。
比如，"人"这个概念的一种内涵就是"能够制造工具和使用生产工具的高级动物"，而"人"这个概念的外延就是指古今中外、不同种族、不同肤色、不同语言和不同生活习惯的所有的人。再如，"商品"的一种内涵就是"用来交换的劳动产品"，其外延就是适用于这种属性的一切对象。

二、概念与语词之间的关系

1. 实词表达概念，虚词一般不表达概念
2. 同一语词可以表达不同的概念
3. 同一概念可以由不同的语词表达

三、概念的种类

依据不同的分类标准，可以把概念分为不同的种类。

（一）依据外延划分

1. 单独概念和普遍概念

单独概念是反映某一个特定事物的概念，它的外延是某一个特定的对象。能够表达单独概念的语词往往是一些专有名词或者摹状词。例如，汉语中的专有名词表达单独概念：

表示某一特定时间：2012年5月1日

表示某一特定地点：天安门广场

表示某一特定人物：郭沫若

表示某一特定事件：五卅运动

表示某一特定事物："和平号"空间站

除专有名词外，限定摹状词也表达单独概念。限定摹状词是指描述某个体对象某种独一无二的属性时所使用的语词。限定摹状词中常含有序数、指示词或程序词。例如：

① 大于8小于10的正整数

② 中华人民共和国第一任国家主席

③ 世界上最深的海沟

普遍概念是反映某一类事物的概念，它的外延涉及两个以上直至无穷的分子。如：素数，河流，房子，水果，手表，电视机，学校，机器，哲学家，规则等。

2. 集合概念和非集合概念

集合概念是以一类事物的集合体作为反映对象的概念。表达这类概念通常使用集合名词。如：群岛，丛书，阶级，人民等。

表达普遍概念的语词在自然语言中有两种用法。一种是汇集式（collective）用法，其所表达的是以一类对象的集合体的整体属性作为内涵的概念，这种概念称为集合概念；另一种是分布式（distributive）用法，其所表达的是以适用于一类对象的每一个分子的属性为内涵的概念，这种概念称为非集合概念。① 例如，在"外语是我国高等教育考试的必考科目之一"和"西班牙语是外语"中，前一个"外语"是汇集式用法，而后一个"外语"则是分布式用法。区分集合概念与非集合概念对于正确思维非常重要。一个孤立的概念无法区分其究竟是汇集式用法还是分布式用法，

---

① I. M. 柯匹等：《逻辑学导论》，张建军等译，中国人民大学出版社，2007年，第194页。

需依据语境按上述分类标准来判断。当一个语词出现于语句中时,一般可以使其在语境中的含义得以确定,从而可以识别它究竟表达哪一类概念。判定一个语词究竟是否表达集合概念,关键就是看它所表达的是否同类对象的集合体的整体属性。这种整体属性的一个特征,就是集合体中的个体不一定具有该属性。按自然语言的表达惯例,下述例子中的相同语词,前者均表达集合概念,后者均表达非集合概念:

① 中国人是有骨气的。
　 中国人是亚洲人。
② 干部来自五湖四海。
　 干部要廉洁自律。
③ 人是由猿进化来的。
　 人是有生命的。
④ 鲁迅的著作不是一天能读完的。
　 《一件小事》是鲁迅的著作。
⑤ 森林占地球面积在逐步减少。
　 森林是人类的宝贵资源。

(二) 依据内涵划分

1. 肯定概念和否定概念

肯定概念也叫作正概念,否定概念也叫作负概念。

肯定概念:如党员,司机,婚生子女

否定概念:如非党员,非司机,非婚生子女

2. 真概念和假概念

真概念:如山,桥,人,动物

假概念:如鬼,仙,美国女总统,会设计计算机程序的狗

3. 具体概念和抽象概念

具体概念:如人,牛,车,算盘

抽象概念:如意识,5,思想

四、概念外延之间的关系

任意两个概念外延之间的关系为下列五种关系之一,即全同关系、真包含于关系、真包含关系、交叉关系和全异关系。

（一）全同关系

全同关系又叫同一关系，如果两个概念 S 和 P 的外延完全相同而内涵不同，那么这两个概念之间的关系就是同一关系。例如：

① 中华民国临时大总统　　孙中山

② 等边三角形　　等角三角形

③ 法院　　审判机关

人在思维中之所以会形成同一关系的概念，是因为任何一个或一类事物都具有许多特有属性，人们从不同的角度取出不同的本质属性作为概念的内涵，就形成了外延相同而内涵不同的概念。像"等边三角形"取出的内涵是"三角形的三条边相等"，"等角三角形"取出的是"三角形的三个角相等"。

（二）真包含于关系

真包含于关系也叫种属关系，如果一个概念 S 的全部外延是另一个概念 P 的外延的一部分，那么它们之间的关系就是真包含于关系。例如：

① 小麦　　农作物

② 法院　　司法机关

③ 武侠小说　　小说

（三）真包含关系

真包含关系也叫属种关系，如果一个概念 S 的部分外延就可以把另一个概念 P 的全部外延都包含，那么它们之间的关系就是真包含关系。真包含关系是真包含于关系的逆关系。如下关系均为真包含关系：

① 农作物　　小麦

② 司法机关　　法院

③ 小说　　武侠小说

属种（或者种属）关系不同于部分与整体、个体与集合体之间的关系，如"树"和"松树"是属种关系，"松树"的外延被包含在"树"的外延里，"松树"具有"树"的所有内涵，可以说"松树是树"；而"树"和"树叶、树枝、树干、树根"则是整体与部分的关系，"树叶"（树枝、树干或树根），并不具有"树"的所有内涵，故不能说"树枝是树"。

（四）交叉关系

交叉关系也叫部分相容关系，如果两个概念 S 和 P 都有而且只有部

分外延重合,那么它们之间的关系就是交叉关系。例如:

① 文学家　　思想家

② 教师　　作家

③ 妇女　　律师

以上四种关系中的每一种关系,词项(概念)间的外延至少有部分互相重合,所以这四种关系可以概括为相容关系。

(五) 全异关系

如果两个概念的外延没有任何相同的分子,那么它们之间的关系就是全异关系。

全异关系又可以分为两种变体:

1. 矛盾关系

如果两个概念的外延没有任何重合的地方,两者一个为正概念一个为负概念,并且外延之和等于其邻近的属概念的外延,那么相对于该属概念而言,它们之间的关系就是矛盾关系。例如:

① 合法行为　　非法行为

② 直接经验　　非直接经验

③ 婚生子女　　非婚生子女

2. 反对关系

如果两个概念的外延没有任何重合的地方,并且它们外延之和小于它们邻近的属概念的外延,则相对于该属概念而言,它们之间的关系就是反对关系。同矛盾关系相比较来看,矛盾关系的两个概念间没有居中的概念,而具有反对关系的两个概念则一定具有中间概念,表现形式为具有"不×不×"的形式。例如:

① 马克思主义者　　反马克思主义者

② 左派　　右派

③ 好　　坏

五、内涵和外延之间的反比例关系

具有属种关系的两个概念,外延大的那个概念内涵少;反之,外延小的那个概念内涵多。例如:

① 学生　　大学生

② 思想　　毛泽东思想

六、概念的限制与概括

概念的限制就是通过增加概念的内涵以缩小概念的外延的一种逻辑方法,也叫作概念的缩小。例如:

① 国家　　社会主义国家
② 战争　　革命战争　　中国的革命战争
③ 艺术家　　空头艺术家

限制的目的是使概念更加具体化,是为了澄清概念。限制的极限是单独概念。

概念的概括就是通过减少概念的内涵以扩大概念的外延的一种逻辑方法,也叫作概念的扩大。例如:

① 艺术家　　人
② 民族资产阶级　　资产阶级
③ 语言学　　社会科学

概括是为了反映事物的共同本质,如"恶法也是法"。概括的极限是范畴。

七、定义

1. 什么是定义

定义就是揭示概念内涵的逻辑方法。它的特点是用简短的语句揭示概念所反映的对象的本质属性。例如:

① 商品就是用来交换的劳动产品。
② 国家就是一个阶级镇压另一个阶级的暴力工具。

2. 定义的结构

被定义概念＋连接概念＋定义概念。

3. 定义的方法

(1) 属加种差定义。

下定义是什么意思呢?"这首先就是把某一概念放在另一个更广泛的概念里。"(列宁)

被定义概念＝种差＋邻近的属概念。

(2) 发生定义。
(3) 关系定义。

(4) 功用定义。

以上定义都揭示概念所反映的本质属性。

(5) 语词定义。

语词定义就是解释语词的意义,又可以分为两种:说明的语词定义,规定的语词定义。

第一,说明的语词定义

由于时间地域的变化,一个语词会发生语义的变化,导致语义不清、含义不明,这就需要对这样的语词进行解释说明。例如:

① 单方也称作丹方,是指民间流传的药方。

② "乌托邦",原为希腊语,"乌"是没有的意思,"托邦斯"是地名,"乌托邦"就是指没有的地方,也就是一种空想、虚构。

第二,规定的语词定义

有些语词的内容是预先规定的,只要解释规定的内容就行了。例如:

① 竹林七贤,是指阮籍、嵇康、刘伶、山涛、向秀、王戎及阮咸等七个人。

② 初唐四杰,是指王勃、杨炯、卢照邻、骆宾王等四位诗人。

③ 十三经,是指儒家的十三部经书,即《易》《书》《诗》《周礼》《仪礼》《礼记》《春秋左传》《春秋公羊传》《春秋穀梁传》《论语》《孝经》《尔雅》《孟子》等。

4. 定义的规则

(1) 定义概念的外延与被定义概念的外延应是全同的,否则会产生:定义过宽,定义过窄。

(2) 定义概念中不能直接或间接包含被定义概念,否则会产生:同语反复,定义循环。

(3) 定义概念中不得包括含混的概念或语词,不得使用比喻。

(4) 定义一般不使用否定的形式。

八、划分

1. 什么是划分

划分就是揭示概念外延的一种逻辑方法。例如:

社会形态可划分为原始社会、奴隶社会、封建社会、资本主义社会、共产主义社会。

2. 划分的结构

划分的母概念，划分的子概念，划分的标准。

3. 划分的方法

（1）一次划分。

（2）多次划分。

（3）特殊的划分方法：二分法。

4. 划分的规则

（1）划分后的子概念外延之和必须等于母概念之外延。否则会产生：划分不全，多出子概念。

（2）每次划分必须使用同一个标准，否则会产生：越级，重合，缺少子概念，多出子概念。

（3）划分出的子概念必须互不相容。

（4）划分出的子概念不得越级。

第二节　概念与表达

概念的准确使用与表达具有十分密切的关系，具体说来主要表现在如下几个方面。

1. 准确把握概念的内涵和外延是我们日常思维表达必须要注意的

例如：

① 古时候，不同的人家贴不同的春联，似为不成文之规矩。人们从门联就大致可猜出户主的身份。"文章西汉两司马，经济南阳一卧龙"，一定是书香门第；"入座三杯醉者也，出门一拱歪之乎"，猜酒家不会错。

② 武大郎是卖什么的？不同时期有过不同的回答。在中央电视台电视连续剧《水浒传》播出前，很多人说："这还用问？谁不知道武大郎卖烧饼呢？电视连续剧《武松》和其他许多戏曲里不都说武大郎卖烧饼吗？"翻一翻施耐庵的小说《水浒传》，那上面明明写的是卖"炊饼"，而不是卖烧饼。把卖炊饼说成卖烧饼，那是想当然。要知道，20世纪70年代末复旦大学的教授在上古代汉语课时就曾认认真真地讲解："炊饼者，馒头也。"《水浒传》作者施耐庵是明朝人。有的文章考证说，明朝有本书把面食分成三种：煮的面食如切面叫汤饼；蒸笼里蒸出来的叫笼饼，又叫炊饼，就是今天的馒头；炉子上烤出来的面食叫胡饼，也就是烧饼。可见，武大郎卖

的是馒头而不是烧饼。电视连续剧《水浒传》播出后,这才成了现代人的常识。①

③ 柳亚子曾经刻过两方印章:"前身祢正平,后身王尔德,大儿斯大林,小儿毛泽东。"另一枚印文是:"兄事斯大林,弟畜毛泽东。"其实,祢正平就是三国时赤身击鼓骂曹的祢衡,他性格傲岸,没有媚骨;王尔德是19世纪著名的英国文学家。柳亚子以此二人自比,是自我欣赏。"大儿""小儿"则典出《后汉书·祢衡传》:"大儿孔文举(孔融),小儿杨德祖(杨修),余子碌碌,莫足数也。"此处的"儿",是男儿、男子汉之意,相当于现代的"健儿"美称。诗人柳亚子是以古喻今大大称颂了斯大林和毛泽东。他比斯大林小,比毛泽东大,于是他说像对兄长一样看待斯林,像对小弟一样对待毛泽东。② 在这里,"儿""畜"的概念内涵与一般人理解的概念内涵是不一样的。

④ "'一国两制'是中国政府为实现国家和平统一而提出的基本国策。所谓'一国两制'是'一个国家,两种制度'的简称,其含义是:在中华人民共和国内,在一个中国的前提下,国家的主体坚持社会主义制度,台湾、香港、澳门地区实行资本主义制度,并长期不变。这是中国共产党在十一届三中全会以后为实现祖国统一大业而制定的一项重要战略方针。"对"一国两制"加以界说,使其概念清楚、确切,既便于人们理解,又防止歧义的发生。

⑤ 有人问了一个小问题,"你知道寺、庙、祠、观、庵有什么区别吗?"它们的区别说到底就是关于概念内涵的准确理解。人们常常会看到寺、庙、祠、观、庵这些建筑,有些人把这些建筑物统称为宗教建筑,这是错误的。又比如俗话讲"跑得了和尚跑不了庙",其实这也是错的,和尚并不住在庙里。那么,寺、庙、祠、观、庵有什么区别呢?

寺,在古代是专指皇帝的行政机构的。我们经常听到"大理寺"。大理寺是干什么的呢? 大理寺在中国古代是掌管审谳平反刑狱的官署。最早从北齐开始设立,以后历代王朝都沿用其制,直至清朝。

因此中国的皇帝把教授佛法并且供僧团居住、学习、修行的场所称为"寺",寺是办事的机关,教育的机构。

---

① 郑伟宏:《逻辑与智慧新编》,北京大学出版社,2005年,第11页。
② 郑伟宏:《逻辑与智慧新编》,第31页。

庙，是中国古代祭祀天地鬼神的地方。那时，对庙的规模有严格的等级限制。汉代以后，庙逐渐与原始的神社（土地庙）混在一起，蜕变为阴曹地府控辖江山河渎、地望城池之神社。

祠，是为纪念伟人名士而修建的供舍。这点与庙有些相似，因此人们也常常把同族子孙祭祀祖先的处所叫"祠堂"。祠堂最早出现于汉代，东汉末，社会上兴起建祠抬高家族门第之风，甚至活人也为自己修建"生祠"。由此，祠堂日渐增多。

观，《释名》有云："观者，于上观望也。"观就是古代天文学家观察星象的"天文观察台"。史载汉武帝在甘泉造"延寿观"，以后，建"观"迎仙蔚然成风。

庵，古时是一种小草屋，即所谓"结草为庵"。旧时文人的书斋亦称"庵"，如"老学庵""影梅庵"。汉以后建了一些专供佛徒尼姑居住的庵堂，于是"庵"也就成了佛教女子出家行佛事的专用建筑名称了。

⑥ 有一年南京的报纸还专门探讨了汤圆与元宵的区别。它们的区别就在于滚的是元宵，包的是汤圆。南北有差异，制作方法是这两种食品的本质属性所在。

⑦ 在北京有个站名叫"北京西站南广场东"，相信一定让老外感觉很有文化，如果不是生活在中国，如果对北京不是很了解，这个站名真的很不容易理解。

2. 区分集合概念与非集合概念，做到正确使用集合概念和非集合概念

集合概念是我们在表达时必须注意的"特殊"概念，这类概念主要以类的集合体作为反映的对象。一般说来，辨识集合概念有两个途径。第一，有些集合概念就是使用了集合名词表达的，诸如"群众""群岛""人民""森林""丛书""共产党""解放军""词汇""阶级""枪支""山脉""书籍""布匹""信件"，等等；第二，有些非集合概念在特定的语境下会"变成"集合概念，诸如"外语是高等教育考试必考科目之一"中的"外语"，"干部来自五湖四海"中的"干部"，"中国人是勤劳勇敢的"中的"中国人"，"鲁迅的著作不是一天能读完的"中的"鲁迅著作"，等等，这类概念可以使用限制的方法加以检验，即看能不能用"每一个"加以限制，能的就是非集合概念，不能的就是集合概念。

因此，下列这些表达都是有问题的："今天是您的生日，我的祖国"（"祖国"是集合概念）、"我是共产党"（"共产党"是集合概念，正确的表

达是"我是共产党党员")、"1000匹布匹""60本书籍""30封信件""500棵森林",因为表达集合体的语词不能用表示个体数量的数量词来加以限制。

3. 注意同一个语词表达不同的概念

同一个语词可以表达不同的概念,例如"先生"这个词,就可以指老师、医生、政治上或者学术上有卓越贡献的人、丈夫、导师、称呼语等意义。这样的例子有很多,例如:

①"搞"是个奇妙的汉字,一词表达很多意义。"搞"有时候是滑稽的,它可能是搞笑,也可能是搞怪,也可能是恶搞;"搞"有时候还会非常励志,任何需要想方设法提升的领域,都可以"搞"。

股市搞一搞,搞不好可以关;新闻可以搞一搞,但不要乱搞瞎搞。

"搞"字还时常被用到男女关系之中,可以搞对象,但一定不能乱搞。

在重庆、四川、湖北和两广地区,几乎无搞不像话。重庆:搞定了,搞不赢……贵阳:搞不惯、莫搞忘、搞场子……成都:搞不灵醒、搞啥子名堂……广东:搞搞震、搞掂、有无搞错……

②鲁迅先生在《答曹聚仁先生信》中,曾这样写道:"譬如'妈的'一句话罢,乡下是有许多意义的,有时骂人,有时佩服,有时赞叹,因为他说不出别样的话来。先驱者的任务,是在给他们许多话,可以发表更明确的意思,同时也可以明白更精确的意义。如果也照样地写着'这妈的天气真妈的,妈的再这样,什么都要妈的了',那么大众语有什么益处呢?"

③更有趣味还在这里:外国人学中文,确实不容易。中文字的奥妙,常常让学中文的老外晕倒。一位刚学过一点中文的美国人来到中国,中国朋友请他吃饭。到了饭店落座,中国朋友说:"对不起,我去方便一下。"那老外没明白,"方便"是哪里?见老外疑惑,中国朋友告诉他说"方便",口语里是"上厕所"的意思。哦,老外意会了。席间,中国朋友对老外说:"我下次到美国,希望你能帮忙提供些方便。"老外纳闷了:"他去美国,让我提供些厕所干吗?"道别时,另一位在座的中国朋友热情地对老外说:"我想在你方便的时候请你吃饭。"见老外吃惊发愣,中国朋友接着说:"如果你最近不方便的话,咱们改日……"老外无语。"咱找个你我都方便的时候一起吃饭吧。"老外随即晕倒。

④又是老外学中文:某老外苦学汉语10年,到中国参加汉语考试。试题之一:请解释下文中每个"意思"的意思。

阿呆给领导送红包时,两个人的对话颇有意思。

领导:你这是什么意思?

阿呆:没什么意思,意思意思而已。

领导:你这就不够意思了。

阿呆:小意思,小意思。

领导:你这人真有意思。

阿呆:其实也没有别的意思。

领导:那我就不好意思了。

阿呆:是我不好意思。

这老外晕了,一头雾水。

⑤ 变本加厉的汉语来了,你能读正确和理解正确吗？这就是同一个语词表达不同概念的魅力所在:

a. 今天下雨,我骑车差点摔倒,好在我一把把把把住了!

b. 来到杨过曾经生活的地方,小龙女动情地说:"我也想过过过儿过过的生活。"

c. 多亏跑了两步,差点没上上上上海的车。

d. 用毒毒毒蛇毒蛇会不会被毒毒死?

e. 校长说:校服上除了校徽别别别的,让你们别别别的别别别的你非得别别的!

f.《水浒传》第二十回,写潘金莲设宴款待武松时的一段对话,极尽挑逗之能事,这是尽人皆知的故事,不必复述。只是很少有人注意到一个"你"字结尾,打虎英雄勃然大怒,宴席不欢而散——由是孕育了未来的杀机。

嫂嫂言语间一直尊称武松为"叔叔",这里用现代汉语的复述如下:

武松从外面踏雪归来,嫂嫂迎上去,"叔叔冷啊?"……

接着问:"叔叔怎不来吃早饭呀?"……

嫂嫂殷勤得很:"叔叔请烤火!"……

武大却还未归,嫂嫂先来招待,"我跟叔叔先饮三杯"……

武松自己热酒,嫂嫂勉强说一句:"叔叔自便"……

已经说了五个叔叔了。接下去就是劝酒的场面:

"叔叔满饮此杯"……

"天色寒冷,叔叔饮个成双杯儿"……

七个叔叔之后,试探试探:"听说叔叔养了一个卖唱的姑娘在外边?"……

武松说自己是一条好汉,没有这等事,嫂嫂半喜半嘲:"只怕叔叔口头不似心头"……

嫂嫂认为时机成熟了,叫出第十个叔叔:"叔叔且饮这杯"……

十个叔叔带来了大胆的行动,嫂嫂捏了一把武松的衣服,"叔叔穿得这么少,不冷吗?"第十一个叔叔。接着第十二个叔叔:"叔叔不会拨弄火盘,让我来拨弄,只要像火盘那样经常热乎乎的便好。"

这样连唤了十二声叔叔,叔叔就是不响。嫂嫂却错误估计了形势,自己倒了一杯酒,喝了一口才递给叔叔,好不容易才迸出了一个"你"字:"你若有心,吃我这杯残酒!"

千古绝唱!

怪人金圣叹倒是早察觉到了,他批注《第五才子书》(《水浒传》)这段文章时点破过:一连用了三十九个叔叔,最后才来一个你,可谓绝矣。他说的三十九个叔叔是从最初见面时算起的,不单指那一次晚饭。

文章好坏不在字数多,而在神来之笔,若有神笔出没,则一字胜过一万字。①

4. 同一个概念可以用不同的语词来表达

诸如"土豆""地蛋""马铃薯""山药蛋""地豆子"都是指同一个事物,表达同一个概念。再比如:

① 中国教授给老外上汉语课,第一堂课只教了一个英文单词"wife"的中文解释:妻子、老婆、太太、夫人、老伴、爱人、内人、媳妇、那口子、拙荆、贤内助、对象、孩他妈、孩他娘、内子、婆娘、糟糠、娃他娘、崽他娘、山妻、贱内、贱荆、女人、马子、主妇、女主人、财政部长、纪检委、浑人、娘子、屋里的、另一半、女当家、浑家、发妻、堂客、婆姨、领导,等等。

② 南京在历史上有多少个名称呢?数数看吧。春秋末年,吴王夫差看上了南京的矿产资源,打算挖了这边的矿产造武器,所以就在南京城西边的小土山建了一座土城叫**冶城**。公元前472年,勾践让范蠡在中华门外边也建了座城叫**越城**,南京主城地区终于有了最早的一座城池。公元前333年楚国在石头山也就是现在的清凉山上建了座城,叫**金陵邑**。公

---

① 尘元:《在语词的密林里》,生活·读书·新知三联书店,2017年,第216—218页。

元前210年秦始皇东巡,把金陵邑改名成了**秣陵**。金陵段的淮水得了个名叫秦淮河,后来,南京又多了个诗情画意的小名叫**秦淮**。208年,孙权改秣陵为**建业**。212年,孙权还在金陵邑的基础上修了座城,取名**石头城**。280年,西晋的王浚攻占了建业,又把建业改回了秣陵,还把秣陵分出块地叫临江,第二年,又把临江改成了江宁,秦淮河以北的地方叫**建邺**。313年,晋愍帝司马邺登基,建邺成了**建康**。589年,隋文帝杨坚灭了南朝陈,毁了建康城,然后在这儿设了**蒋州**,后来又改成了丹阳郡。620年,唐高宗改丹阳郡为**扬州**,改江宁县为归化县。624年,扬州改蒋州,625年又改回扬州,626年,归化县改为白下县,635年,白下县又改回江宁县。757年,唐肃宗升江宁县为江宁郡,第二年,又改成了升州。761年,升州所辖的江宁县改名上元县。……917年,五代十国吴,升州被分为了"上元"和"江宁"两县,同城分治。920年,升州改为"金陵府"。937年,李昪建立南唐,金陵府改为**江宁府**,并且设为南唐国都。975年,宋太祖攻灭南唐,降江宁府为升州,1018年,宋真宗又改升州为江宁府。1127年,南宋开始,1129年,高宗迫于形势,从杭州跑到了江宁,改江宁为**建康府**,作为"行都",又称"东都"。1275年,元军占领了建康,1277年,改建康府为**建康路**。1329年冬,建康路又被改成了集庆路。1356年,朱元璋率领红巾军攻占集庆路,改集庆路为**应天府**;1367年称帝后,又把应天府改为了**南京**,这是金陵称为南京的开始。1378年南京又被改成了**京师**。朱元璋死后,1421年,朱棣又把京师改成了南京,并且搬家去了北京,这一改一搬,南京成了孤零零的留都,又被称为**南都**。1645年,清军入南京,改南京为"江南省"首府,也就是**江宁府**。1853年,太平天国的起义军攻占了江宁府,并在此建都,改江宁为**天京**。1864年太平天国亡了之后,曾国藩把天京改回了江宁。1912年,中华民国元年,改江宁府为南京府,为临时政府**首都**,1927年转正,南京称为首都,至此中国第一次有了首都的称呼。历史的车轱辘转了这么一圈,南京倒是多了几个外号,**六朝古都**、**十朝都会**、**龙蟠虎踞**、**江南佳丽地**、**钟山风雨帝王城**。民国后,南京这个名字就算是正儿八经确定下来了。不过,可爱的南京人又给自己取了很多昵称,比如因为南京三面靠着安徽,所以戏称**徽京**;比如南京特产盐水鸭香飘万里,又得名**鸭都**;再比如,就算大雨让这座城市颠倒,我们也要做一只快乐的**蓝鲸**灵啊!

5. 巧妙使用限制

所谓概念的限制，就是增加概念的内涵，缩小概念的外延，从一个属概念推演到它的种概念的逻辑方法。概念的限制，是实现从外延大的概念到外延小的概念的过渡，换言之，是从属概念过渡到种概念。因此，这种逻辑方法又称作概念的缩小。例如对"社会主义"增加"有中国特色"的内涵，就可以限制为"有中国特色的社会主义"。对"学生"增加"在大学"的内涵，就可以限制为"大学生"。

可以根据需要进行一次限制：鲁迅曾写过《死》的散文，内有七条遗嘱，其中第五条写道："孩子长大，倘无才能，可寻点小事情过活，万不可去做文学家或美术家。"后来征求冯雪峰的意见，冯雪峰认为这样写会给人一种误解，好像鲁迅对一切文学家和美术家都看不起似的。鲁迅和冯雪峰商量后，还是鲁迅想出了"空头"两个字，添在"文学家或美术家"的前面。他对自己这样的改动很满意，幽默地说："这就是住在上海的好处，看了这类空头人物，才能想到'空头'这两字。"

也可以进行连续限制（二次、三次乃至于更多的限制）：毛泽东在《中国革命战争的战略问题》一文中就具体地运用这种方法指导战争："我们现在是从事战争，我们的战争是革命战争，我们的革命战争是在中国这个半殖民地的半封建的国度里进行的。因此，我们不但要研究一般战争的规律，还要研究特殊的革命战争的规律，还要研究更加特殊的中国革命战争的规律。"

对"战争"这个外延较大的概念外延的逐步限制，使我们能更具体地认识"中国革命战争"这个概念的含义，对"战争""革命战争"以及"中国革命战争"进行更加明确的界定：

"战争——从有私有财产和有阶级以来就开始了的，用以解决阶级和阶级、民族和民族、国家和国家、政治集团和政治集团之间，在一定发展阶段上的矛盾的一种最高的斗争形式。""革命战争——革命的阶级战争和革命的民族战争，在一般战争的情形和性质之外，有它的特殊的情形和性质。""中国革命战争——不论是国内战争或民族战争，是在中国的特殊环境之内进行的，比较一般的战争，一般的革命战争，又有它的特殊的情形和特殊的性质。"

概念的限制有两种情况，其一是在语言表达形式上有明显的"限制成分"，采用名词前加定语（限制语）的方法来表示，如"社会"前加"封建的"

"奴隶的""资本主义的","诗"前加"叙事的""抒情的",等等;其二是不具有明显的语言表达形式上的"限制成分",但在概念的外延上体现了由大到小的推演,因而也是限制,如"学位"→"硕士","旧体诗"→"律诗","人"→"艺术家",等等。因此,概念的限制最为关键不是看是否增加了"限制成分",而是看外延是否缩小了。

概念的限制反映了人们由一般到具体的思维过程,所以,限制的起点通常是普遍概念(也可以是范畴),由一个外延大的概念逐渐推演至一个外延小的概念,直至不能进行限制为止,获得一个单独概念。所以限制也有极限,限制的极限就是获得一个单独概念。如"领袖→革命领袖→无产阶级革命领袖→列宁",对"列宁"这个单独概念就不能再进行限制了。因为单独概念是外延最小的概念,它不具有种概念,也就无法实现从属概念到种概念的推演,所以也就无法再继续限制下去了。

需要指出的是,有些词语增加修饰语并不就是概念的限制,如在"中国共产党"的前面增加"伟大的、光荣的、正确的"修饰语,但这并不是对"中国共产党"的限制。因为"中国共产党"是一个单独概念,已经是外延最小的概念了,即使增加一些修饰语,也无法实现从外延大到外延小的推演。所以,这种情形不是限制。这也进一步说明,概念的限制从普遍概念(或者范畴)开始,限制的极限是单独概念,对单独概念不能进行限制,限制的最根本一点就是概念的外延缩小。例如:

① 1938年10月,美国著名电影艺术家卓别林写了以讽刺和揭露希特勒为主题的电影剧本《独裁者》。第二年春天影片开拍时,派拉蒙公司说他们已用"独裁者"写过一出闹剧,所以这名字是他们的"财产"。卓别林派人交涉不成,便亲自上门商讨解决办法。派拉蒙公司坚持要卓别林付二万五千美元转让费,否则要诉诸法律。卓别林灵机一动,当即在片名前加了个"大"字,变为《大独裁者》,并且风趣地说:"你们写的是一般的独裁者,我写的是大独裁者,这两者之间风马牛不相及。"说完扬长而去,派拉蒙公司的老板们个个气得干瞪眼。事后,卓别林对朋友幽默风趣地说:"我多用了一个'大'字,省下了二万五千美元,可谓一字值万金!"

②《公孙龙子·迹府》篇记载了这样一个故事:楚王曾经带着名弓良箭,在云梦的场圃打猎,不慎把弓弄丢了。随从们请求去寻找。楚王说:"不用了。楚国人丢了弓,楚国人拾了去,又何必寻找呢?"孔子听到了说:"楚王的仁义还没有做到家。应该说人丢了弓,人拾了去就是了,何必

说楚国人呢?"

③ 毛泽东给陈毅关于谈诗的一封信中,有这样一句:"如同你会写自由诗一样,我则对于长短句的词学稍懂一点。"从手稿上看得出来,"长短句的"这四个字一开始是没有的,是后来添进去的。为什么要添上这四个字?因为"词学"不仅包含"诗词学",还包含"词汇学"。添上"长短句的"四个字,就对"词学"这个概念做了限制,使之不表达"词汇学",而只表达"诗词学",就准确了。

④ 隋文帝统一全国以后,吸取陈后主亡国的教训,改革官制兵制,建立科举制度,选用办事能干的官员,修订刑律,特别注意节俭。他发现官吏有贪污腐化行为,都要严惩,连自己的儿子也不放过。隋文帝发现太子杨勇生活奢侈,讲究排场,很不高兴,十分严厉地教训了他。皇子杨广非常狡猾,他表面上装得特别朴素老实,骗得了隋文帝和皇后的信任。结果,隋文帝把嫡长子杨勇废了,改立次子杨广为太子。但是隋文帝临终时,突然发现杨广是个伪君子,更不能容忍的是,杨广竟要奸污自己的宠妾宣华夫人陈氏,于是急召长子杨勇进宫,以便改立太子,吩咐后事。当时隋文帝又气又急,大叫:"召我儿!"由于没有说明召哪一个儿子,杨广捷足先登,首先来到皇宫,关闭宫门,封锁消息,并与一些奸臣施展阴谋,夺取了皇位,这便有了臭名昭著的隋炀帝。隋文帝下诏"召我儿"太笼统了,他没有对"儿"进行限制,结果让杨广钻了空子,并影响了中国历史。

⑤ 改革开放四十年来,我们党和政府的很多思想解放如果看作逻辑思维在起作用的话一点也不过分,诸如"中国特色社会主义理论"之"中国特色","科学技术是第一生产力"之"第一",等等,都体现中国共产党领导人的大智大勇。

对概念进行限制,往往容易出现以下几种毛病。

(1) 加上去的概念即附加语与原概念重复。例如:

1949年6月,毛泽东在中南海邀集各界人士座谈,征集关于国家名号问题的意见。毛泽东提出,中央意见拟用"中华人民民主共和国"。这时候,张治中发表意见说:"'共和'这个词本身就包含了'民主'的意思,为何重复?不如就干脆叫'中华人民共和国'。"毛泽东觉得此话有理,建议大家采纳。经众人反复讨论,终于决定了一直沿用至今的国名。

(2) 限制后自相矛盾。例如,"他是幸存的死难者。"

(3) 限制得不合事理,不伦不类。

倪正茂先生举过一个很生动的事例。在20世纪70年代末一次科学知识广播中,说到有一位妇女生了个遍身是毛的男婴,还特别说明产妇是"一位贫农女社员"。有的文章就问,为什么要特别说明是"贫农"呢?是要说明别的成分或身份的妇女生不出毛孩呢,还是想说明贫农之外的妇女生下毛孩来就没有科学价值呢?或者说这是贫农妇女的特别荣耀,其他妇女不配享有呢?或者反过来说,因为是农民而且是贫农,才生个"怪胎",而其他成分或身份的妇女则不会有这种事呢?不必要的说明反而使宣传科学知识的广播变得不科学了。①

还有一种常见的错误是把分解当作限制。例如,1948年,郭沫若在香港与茅盾聚谈时,说起鲁迅"俯首甘为孺子牛"这句诗。郭沫若说:"鲁迅愿做一头为人民服务的'牛'。我呢?我愿做这头'牛'的'尾巴',为人民服务的'牛尾巴'。"茅盾接着笑了笑说:"那我就做'牛尾巴'上的'毛'吧!它可以帮助'牛'把吸血的大头苍蝇和蚊子扫掉。"从"马"到"牛尾巴",再到"牛尾巴上的毛",概念外延没有缩小,不是限制。②

6. 准确把握概括

所谓概念的概括,就是减少概念的内涵,扩大概念的外延,从一个种概念推演到它的属概念的逻辑方法。概念的概括,是实现从外延小的概念向外延大的概念的过渡,换言之,是从种概念过渡到属概念。因此,这种逻辑方法又称作概念的扩大。例如,法国著名哲学家狄德罗曾说:"如果道德败坏了,趣味也必然会堕落。真理和美德是艺术的两个密友。你要当作家,当批评家吗?请首先做一个有德行的人。"从"作家"到"人",从"批评家"到"人"都在外延上有所扩大。我国著名翻译家傅雷在给其儿子的信中也运用概念的扩大的方法,对其子给予了谆谆教导:"要当好艺术家,首先要做好人"。从"艺术家"到"人",概念的外延扩大,实现了从种概念到属概念的推演。

概括也可以连续进行。例如,毛泽东在《反对自由主义》一文中,先分别列举了自由主义的十一种具体表现,然后概括指出,"所有这些都是自由主义的表现",紧接着又进一步概括道,"自由主义是机会主义的一种表现"。如此连续运用概念的概括的方法,深刻地揭示了自由主义的本质。

---

① 郑伟宏:《逻辑与智慧新编》,第36页。
② 郑伟宏:《逻辑与智慧新编》,第37页。

概念概括的实现是概念外延的扩大,体现在语言表达形式上共有两种情形。其一,是减少一个概念的修饰语(限制词),这也体现了减少内涵、扩大外延的概括的本质。如"正确思维和有效交际的理论"这一概念,去掉"正确思维",则变成"有效交际的理论",去掉"有效交际",则成了"理论",每减少一个修饰语(限制词),概念的外延就扩大一次。再如,80年代优秀的女大学生→优秀的女大学生→女大学生→大学生→学生。每减少一个修饰语(限制词),概念的外延就扩大一次,就实现一次从种到属的推演。其二,在语言上没有任何标志,但在外延上却实实在在地发生了由小到大的变化。这种概括虽然看不到内涵在形式上的减少,但只要是外延上扩大了,就是概念的概括。如:作家→人,硕士→学位,文学→社会科学,蔷薇→花→植物,等等。所以,概念的概括最为根本的是外延的扩大。

概念的概括也有极限,因为概念的概括可以从单独概念或普遍概念开始,概括到了外延最大,不能再扩大时,就是概括的极限,这时概括得到的概念就是范畴,也称作论域。如:某株牡丹花→牡丹花→花→植物→物。当概括到"物"的概念时,就不能再扩大了,就成了概括的极限。

概念概括的过程,反映了人们思维抽象化的过程,可以使人们更加深刻地认识对象的普遍性质,也是从更高的高度来认识事物,明确概念。例如,毛泽东同志在《纪念白求恩》中指出:"一个外国人,毫无利己的动机,把中国人民的解放事业当作他自己的事业,这是什么精神?这是国际主义的精神,这是共产主义的精神,每一个共产党员都要学习这种精神。"从"白求恩的精神"概括到"国际主义精神",再概括到"共产主义精神",这种连续概括,既明确了概念,又从普遍性质的高度指明了"白求恩精神"所具有的重要意义,体现了思想上不断升华的过程。

概括使用不当,容易犯"无限上纲"的错误。诸如对某人生活上的微不足道的缺点,概括为资产阶级思想,甚至是反动思想,等等。"文革"中,"宁要社会主义的草,不要资本主义的苗""宁要社会主义的晚点,不要资本主义的正点"等说法就体现了这种不当概括,把正点和晚点、草和苗同制度联系起来,无限上纲,实在荒唐可笑。

因此,概念的概括与限制的关键在于外延的变化,外延由小到大即概括,外延由大到小即限制;大到不能再大时即概括的极限,小到不能再小时即限制的极限。如果概念的外延不发生变化,无论增加或减少多少修饰语,都既不是限制,也不是概括。

7. 划分要符合逻辑，强调逻辑性、准确性

划分是实现由属概念向种概念推演并揭示概念外延的逻辑方法，它澄清概念的重要内容，也是合理推论的基础，有其重要的逻辑意义。划分要遵守相应的规则，只有遵守了相应规则的划分才是正确的划分。为了做到正确划分概念，必须遵守以下规则。

(1) 划分出的子项的外延之和必须等于被划分概念（母项）的外延。这一条规则要求划分必须相应、相称。

概念划分是揭示外延，就是要求被划分的概念的外延无一例外全部被揭示出来，不能多也不能少，必须做到：

子项的外延之和＝母项的外延

如"角"的概念可以分为"锐角""直角""钝角""平角""周角"。作为子项的"锐角""直角""钝角""平角""周角"的外延之和同"角"的外延是一致的，既不能大，也不能小。

违反这一条划分规则，就会犯"划分不全"（子项不穷尽）的错误，犯"多出子项"（子项多余）的错误。比如，把艺术划分为：文学、音乐、建筑、绘画、书法；把应用文体划分为：说明文、公文、议论文、记叙文、散文。前者对"艺术"的划分，就缺少"舞蹈""雕塑""相声""小品"等子项；后者对"应用文体"的划分，就犯了"多出子项"的错误，多出了"散文"这一子项。如果对划分出的子项把握不住，可以用列举的方法，以保证不犯"划分不全"的错误。

"划分不全"与"多出子项"可能同时出现在一个划分中。如将文学作品划分为小说、诗歌、散文、说明文。在这个划分中，既缺少"文学作品"的子项"戏剧"，又多出了不属于"文学作品"的子项"说明文"。因此，这个划分既犯"多出子项"，又犯"划分不全"的逻辑错误。

(2) 每一次划分必须使用同一个标准。

划分是依据被划分概念所具有的属性作为标准而进行的，而被划分概念的属性又是很多的。在同一次（同层级）的划分过程中，划分的标准只能是被划分概念的同一个或同一些属性，不能中途改变。例如对"文学"的划分，可以依时间作为标准，也可以依地区作为标准，但在同一个层级的划分中，则只能使用同一个标准。"文学"按时间作为标准可分为"古代文学""近代文学""现代文学""当代文学"，按地区作为标准可分为"中国文学""世界文学"等。

如果违反这条规则,就会犯"标准不同一"的逻辑错误。如将"人"划分为"男""女""老""少",就既有性别标准,又有年龄标准,划分后的子项显得混乱,极不统一。

这条规则强调在同一次划分中只能使用同一条标准,如果是连续划分,在不同的层级中可以使用不同的标准,但在同一个层级中就只能使用同一个标准,当然在诸多的层级中使用同一个标准也是可以的。

(3) 划分后所得的子项必须互相排斥、不相容。

划分在于明确所研究的对象,使人们能够对所研究对象的外延有一个清楚明白的掌握,从而澄清概念,使概念间的外延泾渭分明,不致交叉,不致给人以模糊的印象。这就要求经过划分后的概念之间必须具有全异关系,也即子项互相排斥、不相容。如将社会产品划分为生产资料和生活资料。对"社会产品"进行划分后得出的两个子项"生产资料"和"生活资料"之间外延是清楚的,界限是明了的,没有出现纠葛不清的情况。

如果违反了这一条规则,就会导致子项外延之间相互重合,引起混乱,眉毛胡子一把抓。

例如,将人划分为诗人、教师、党员、干部、北方人。在这个划分中,不单单是相容的问题,而是五个子项间皆可相容,使人对"人"这一概念很难把握。

一般说来,划分后子项相容是由于没有遵守"每次划分必须使用同一个标准"造成的。但并不能因此说规则"每次划分只能使用同一个标准"可以取代规则"划分出的子项必须互相排斥、不相容",因为这是两个独立的规则,它们之间还是具有一定的区别的。如将四边形划分为菱形、正方形、长方形、梯形、平行四边形、不规则图形。这个划分,并不违反"子项必须互相排斥、不相容"的规则,但由于对四边形具体图形的区分又有不同的标准,所以,这个划分并不正确。

又如,将农作物划分为粮食作物、经济作物、种子作物、饲料作物、油料作物、绿肥作物。这个对"农作物"的划分坚持"每次划分必须使用同一个标准",但却使得子项间外延有重合的部分,违反了"子项必须互相排斥、不相容"的规则,也不是正确的划分。

(4) 划分后的子项不能越级。

所谓不能越级,就是指划分的层次要清楚,要逐级进行,不能越级划分。

当思维实践需要对某一概念进行多次(连续)划分时,要按照由大到小、由属到种、由母项到子项的过程层层推进,以体现逻辑思维的缜密和有序;也只有逐级进行划分,才能达到明确概念、澄清概念的目的。如将判断划分为简单判断和复合判断,简单判断又划分为性质判断、关系判断等,复合判断再划分为假言判断、联言判断、选言判断、负判断等。如此划分,体现了"显然的美""显然的真",使人顿觉眉清目楚,条理谨严,层级分明。

如果违反这条规则,就会使划分出的子项间出现属种关系,而不是互相排斥、不相容的关系。如将句子划分为单句和复句,复句再划分为偏正关系、假设关系、递进关系、联合关系、转折关系等。在这个划分中,"偏正关系"和"联合关系"是同一个层级的,而"假设关系"是"偏正关系"的子项,"母子同堂"自然是越级;"转折"和"递进"两个关系是"联合关系"的子项,既是"母子同堂",又是越级;"转折""递进"与"偏正","假设"与"联合",虽然不相容,也互相排斥,但它们之间属于"姑侄同堂",纯然的越级。

这条规则,强调的是划分要做到不越位,而当其位,以保证连续(多次)划分的有序进行。遵守划分规则是正确划分乃至正确思维的关键。一个正确划分必须同时遵守以上诸条规则,只要违反了以上诸条规则中的任何一条即为不正确划分,如果对上述规则多条违反甚至全部违反,那肯定是一个错误的划分。

8. 定义要精当

概念具有内涵和外延,这是概念的基本的逻辑特征。澄清概念,明确概念既有对概念外延的揭示——划分,也有对概念的内涵的揭示——定义。

作为一种逻辑方法,定义可以加深人们对思维对象的理解。把握概念内涵的过程,实际上就是把握一个概念的过程。只有当我们对"资本"有了"能够带来剩余价值的价值"的认识时,才算把握了"资本"的实质。定义还可以消除语词歧义,消除一定的逻辑谬误。概念总是要由语词来表达的,而有些语词在一定的语句中可以在多种意义上来理解,也即同一语词可以表达不同的概念,此时如果不对一定的语词加以定义,就容易引起思维混乱,甚至出现谬误,乃至诡辩,这对于澄清概念、正确思维是十分不利的。因此,定义作为一种方法同划分一样十分重要。

(1) 什么是定义?

所谓定义,就是揭示概念内涵的逻辑方法。例如,"商品就是用来交换的劳动产品",这是对概念"商品"下定义,也就是用"用来交换的劳动产品"这一概念来揭示"商品"这一概念的内涵。概念的定义的过程,实际上是在做判断和有所断定的过程,也体现了把某一个种概念置于一定的属概念范围之内的运动轨迹。概念的划分总是体现由属到种的过渡,而概念的定义总是体现由种到属的过渡。

定义的结构(或组成部分)可分为三个部分,即被定义项,一般用"Ds"表示;定义项,一般用"Dp"表示;联结项,一般用"就是"或"——"表示。因此,定义的逻辑形式可以表示为:

$$Ds 就是 Dp \quad 或 Ds \text{——} Dp$$

所谓"被定义项"是指要揭示其概念内涵的那个概念,"定义项"是指用来揭示"被定义项"内涵的那个概念,"联结项"是指联结"被定义项"与"定义项"之间逻辑关系的那个概念。示例如下:

文学　　　　　就是　　　用语言塑造形象反映社会生活的艺术。
(被定义项)　　(联结项)　　　　(定义项)

定义的语言形式除了"Ds 就是 Dp""Ds——Dp"外,还有"Ds 当且仅当 Dp""Dp 叫作 Ds""Dp 称为 Ds""所谓 Ds,是指 Dp"等语言形式。例如:

① $a \geqslant b$ 当且仅当 $a \not< b$。
② 所谓国家,是指一个阶级镇压另一个阶级的暴力工具。
③ 运用电子器件制作出来的音乐称为电子乐。
④ 商品的有用性,叫作商品的使用价值。

(2) 定义的种类。

定义的种类很多,可以依据概念的基本逻辑特征的内涵和外延而区分出外延定义和内涵定义。外延定义主要有实指定义(通过实际指出某个概念的外延来揭示这个概念的内涵)、列举定义(通过用语词的形式列举出被定义项的外延名称来给被定义项下定义)、划分定义(通过将一个大类划分成若干个小类的方法来下定义)等种类。内涵定义主要有实质定义和语词定义。这里只着重介绍内涵定义。

第一,实质定义

所谓实质定义,就是揭示概念的本质属性的定义,也叫作科学定义。例如:

① 固体就是有一定的体积和形状的物质。

② 液体就是有一定体积而形状随容器改变的物质。

③ 气体就是没有固定的形状和体积,能自发充满任何容器的物质。

这种实质定义通常用的定义方法叫作"种差加属"的方法,它有一个相对比较固定的形式:被定义项＝种差＋属。

使用这种下定义的方法,首先要确定被定义项的"邻近属概念"。所谓"邻近属概念"是指比被定义项外延大而又与被定义项紧紧相邻的概念。例如,"人"的"邻近属概念"是"动物",而不是"物","商品"的"邻近属概念"是"产品",而不是"物质"。接着把被定义项放在"邻近属概念"中,正如列宁所说:"'下定义'是什么意思呢? 这首先就是把某一概念放在另一个更广泛的概念里。例如,当我下定义说驴是动物的时候,我是把'驴'这个概念放在更广泛的概念里。"其次,要确定被定义项与其他同级次的种概念之间的差别,这种差别就是本质属性。因为本质属性就是确定该事物成为该事物并能与其他事物相区别的属性。例如:

① 文学是用语言塑造形象反映社会生活的艺术。

② 音乐是用声音塑造形象反映社会生活的艺术。

③ 绘画是用色彩塑造形象反映社会生活的艺术。

④ 舞蹈是用形体塑造形象反映社会生活的艺术。

"文学""音乐""绘画""舞蹈"作为"艺术"的种概念,其差别就在于使用的媒介不同,用不同的媒介反映社会生活就成了作为"艺术"的种概念的差别,区分的标志,也就成了其本质属性。第三,在确定了被定义项的邻近属概念和种差之后,把它们一并代入实质定义常用公式,构成一个完整的定义。

由于一个概念其内涵的复杂性,不同的学科、不同的角度、不同的目的对揭示一个概念的内涵也会不同,因此,还可以有发生定义、功用定义、关系定义等。

所谓发生定义,是揭示概念所反映事物产生或形成的过程的定义。例如:

① 水是由两个氢原子和一个氧原子组成的化合物。

② 疟疾是人体因受疟蚊叮咬引入疟原虫而产生的疾病。

③ 由地下岩石的构造活动产生的地震叫构造地震,由火山爆发产生的地震叫火山地震。

所谓功用定义,是揭示被定义项具有的功能、作用及意义的定义。

例如：
① 气压计是用来测量大气压力的物理仪器。
② 国家是一个阶级镇压另一个阶级的暴力工具。
③ 商品是用来交换的劳动产品。

所谓关系定义，就是揭示被定义项与其他对象之间所具有的某种（某些）关系的定义。例如：
① 偶数就是能被2整除的数。
② 不能被2整除的数叫奇数。
③ 寄生物就是生于另一种生物的体内或体表，并从后者摄取养分以维持生活的生物。

第二，语词定义

传统逻辑把语词定义称作"类似定义的方法"，新的定义理论认为，语词定义也是定义的一种。

所谓语词定义就是对被定义项所具有的语词含义予以揭示，使人们明白该语词的意义的一种定义方法。通常，语词定义又可以分为规定的语词定义和说明的语词定义。

所谓规定的语词定义是指对一个已有确切含义的词或短语所规定的内容予以揭示的定义。例如：
① "四个现代化"就是指工业现代化、农业现代化、国防现代化和科学技术现代化。
② "三个代表"就是指（中国共产党）要始终代表着中国先进生产力的发展要求，要始终代表着中国先进文化的前进方向，要始终代表着中国最广大人民的根本利益。
③ "四大名著"是指《红楼梦》《水浒传》《西游记》《三国演义》这四部小说。

这种定义，实际上是对由数字组成的内容予以解释，只要把它规定的内容说清楚即可。诸如"三好学生是指思想好、学习好、身体好的学生"，"五项基本原则是指互相尊重主权和领土完整、互不侵犯、互不干涉内政、平等互利、和平共处"等。这类规定的语词很多，诸如"三个面向""初唐四杰""竹林七贤""一国两制""五讲四美"等，它们的内容都是有严格规定的，不能随意更改、替换。如，不能把"初唐四杰"的王勃、杨炯、卢照邻、骆宾王说成陈子昂、王维、岑参、王之涣，也不能把"太阳系八大行星的金星、木星、水星、火星、土星、地球、天王星、海王星"说成是"北极星、天狼星、狮子星、月球、牛郎星、织女星、晨星、昏星"。

有些语词的意义比较模糊，需要严格界定其范围，也往往需要做出明确的规定。例如我国《刑法》就规定："本法所称的以上、以下、以内，包括本数"，《刑事诉讼法》也规定："'近亲属'是指夫、妻、父、母、子、女、同胞兄弟姊妹。"

在数学中，很多语词都采用规定的语词定义的形式赋予含义。例如，"大于零的数为正数，小于零的数为负数"；"含有未知数的等式称为方程"；"不循环的无限小数称为无理数"；等等。在日常生活中，人们也使用这种语词定义。如，"阴历有30天阳历有31天的月份称为大月，而阳历只有30天阴历只有29（或28）天的月份为小月。"

所谓说明的语词定义，就是对被定义项进行解释、说明，使人了解、明白该语词的含义（或意义）。例如：

① 采薪之忧，古时自称有病的婉辞。

② 辟，古时对犯人处以极刑的一种刑罚。

③ 古稀，古人称七十岁为古稀之年（有"二十弱冠、三十而立、四十而不惑、五十知天命、六十而耳顺、七十古稀、八九十岁为耄耋"的说法）。

通过使用浅显易懂的词语，对古语或方言、晦涩难懂的语词进行解释，使人明白，是说明的语词定义的特点。"入泮"是一般人不太明白的，就用"及第"或"考取功名"加以解释；"走水"也是一般人不太容易知道的，就用"失火"加以说明。对于"物质"，如果不是学习哲学专业的，恐也很难说清楚，就用"不以人的意志为转移的客观存在"加以说清楚。所有这些都是说明的语词定义。

在中国古代语言学中，训诂学比较发达，也发展出一整套系统的训释古书的方法，诸如"之言""之为言""读若""训为"以及"从……，……声""曰""……，……也"等释词方法，也可以看作说明的语词定义。例如，"初、哉、首、基、肇、祖、元、胎、俶、落、权舆，始也。"

（3）定义的规则。

定义作为一种逻辑方法，有助于人们对概念内涵的揭示，从本质上把握一个概念，从而做到澄清概念。

一般说来，一个正确的定义必须遵守如下规则：

第一，定义项的外延必须与被定义项的外延相等，也即定义项与被定义项相应相称。例如,"价值就是凝结在商品上的一般劳动量。"

在这个定义中,"价值"与"凝结在商品上的一般劳动量"在外延上是一种全同关系,因而该定义是符合这一条规则的。检验一个定义是否符合这条规则,只要看这个定义是否满足如下条件:Ds 就是 Dp,Dp 就是 Ds。

如果在下定义的过程中违反了这一条规则,就会犯"定义过宽""定义过窄""定义交叉""定义全异"的错误。例如:

① 文学就是塑造形象反映社会生活的艺术。
② 健康就是身体无疾病。
③ 教授就是从事教学工作的人。
④ 雕塑是研究线条的科学。

上述四个定义分别犯了"定义过宽""定义过窄"和"定义交叉""定义全异"的错误。定义过宽就是定义项的外延大于被定义项的外延,这时候要采用概念的限制法,通过增加内涵以达到缩小概念外延的目的,使得定义项与被定义项的外延完全相等。如上例中"文学"的定义,只要在定义项中增加"用语言"加以限制就可以了。"定义过窄"是指定义项的外延小于被定义项的外延,这时候要使用概念的概括法,通过扩大概念(定义项)外延的方法,使得定义项同被定义项外延完全重合。上例的"健康"的定义,只要去掉"身体"即可,实际上"健康"既是"身体上无疾病",而且也是"精神上无疾病"。"定义交叉"是指定义项与被定义项之间是交叉关系,而定义实际上是把一个概念放到另一个外延更大的概念里去(但经过限制使得定义项与被定义项相等),体现了从种到属的推演,因此,只要使得被定义项与定义项成为种属关系即可,以体现种差加属的定义方法。"定义全异"是指定义项与被定义项之间是不相容的全异关系,定义项无法揭示被定义项的内涵,需要更换"邻近属概念",或者"种差加属"一并更改,以保证定义项与被定义项外延完全相等。

第二,定义不能是循环的,也即定义项不能直接或间接包含被定义项。

明确概念的内涵,是下定义的目的。如果定义项中包含被定义项,那么需要揭示的内涵并不能得到明确揭示,就会犯"同语反复"和"循环定义"的逻辑错误。

定义项直接包含被定义项,这就犯了"同语反复"的逻辑错误。例如:
① 形式主义者就是形式主义地观察和处理问题的人。

② 新闻就是新发生的事情。

③ 比喻就是一个思想的对象同另外本质不同的事物有类似点，人们就用另外的事物做比喻来说明这个思想对象。

"同语反复"就如同"甲就是甲"一样，没有揭示被定义概念的内涵，是对被定义项的无效重复，其结果是什么也没有定义，在逻辑上是不允许的，在知识上也无所获益。因此，必须摒弃。

定义项间接包含被定义项，容易犯"循环定义"的逻辑错误。例如：

① 偶数就是奇数加、减一。

② 生命就是有机体的新陈代谢。

在"偶数就是奇数加、减一"这个定义里，"奇数"间接地包含了被定义项"偶数"，因为要问什么是"奇数"，还要说"奇数是偶数减（加）一"，此二者都是循环定义，其结果是谁也没有定义谁，就如同"獐边是鹿，鹿边是獐"，什么概念的内涵都没有揭示出来。在"生命就是有机体的新陈代谢"这个定义中，需要对"有机体"进行再定义，而定义"有机体"又必须用"生命"来说明，这样势必导致循环定义。正如恩格斯指出的那样："如果规定生命就是有机体的新陈代谢，这就等于规定生命就是生命。"这种解释并没有使我们前进一步。

第三，定义必须明确、清楚，不能使用含混的言辞，或者有歧义的晦涩的语言。

定义的目的就是为了明确概念，揭示概念的内涵，澄清概念，如果使用含混的言辞，使用了含有歧义或者晦涩的语言，就达不到下定义的目的，也会令人丈二和尚摸不着头脑。例如托洛茨基给"列宁主义"所下的定义："作为革命行动体系的列宁主义，就是由思维和经验养成的嗅觉，这种社会领域里的嗅觉，如同体力劳动中的肌肉感觉一样。"

原本深受人们敬仰的列宁主义，经托洛茨基这么一定义，反倒令人莫名其妙，变得似是而非了。所以斯大林狠狠地批判了托洛茨基的这种恶劣行径："把列宁主义看作'体力劳动中的肌肉感觉'，这岂不是又新鲜、又奇特、又深奥。你们懂得一点什么了吧？这些话都很漂亮，很像音乐，还可以说，甚至很雄壮。只是缺少一点'小东西'：简单而又人人懂得的列宁主义定义。"

又如杜林给"生命"所下的定义，"通过塑造出来的模式化而进行的新陈代谢"，也是含含糊糊，支支吾吾，令人不知所云，如坠云里雾中。

第四,定义一般不使用否定概念,一般不使用比喻。使用否定概念往往不能直接揭示出被定义项所具有的内涵,使用比喻往往具有打比方的性质,也不利于揭示被定义项的内涵。所以,一般情况下,下定义不使用否定概念,也不使用比喻。例如:

① 商品是不供自己使用的劳动产品。
② 逻辑学既不是初等代数,也不是高等代数。
③ 教师是辛勤的园丁,是人类灵魂的工程师。
④ 儿童是祖国的花朵,青年是早晨八九点钟的太阳。

上例由于使用了否定概念或比喻,没有揭示"商品""教师""逻辑学"和"儿童""青年"的内涵,因而都不是定义,也就无法起到明确概念、澄清概念的作用。

需要指出的是,如果揭示了概念的内涵又使用了比喻,仍然是概念的定义法,而且是一个好的定义。例如:

① 建筑是凝固的音乐。
② 国家是一个阶级镇压另一个阶级的暴力工具。

同样,有些概念本身就具有否定的属性,在揭示这类概念的内涵时也可以用否定的形式,或者也只有使用否定的形式才能揭示被定义项的内涵。例如:

① 违法行为就是不遵守法律的行为。
② 奇数就是不能被2整除的数。

所以,对这条规则而言,关键是看有没有揭示概念的内涵。如果揭示了概念的内涵,达到了明确概念的目的,使用不使用否定,使用不使用比喻都是无关大局的;相反,如果没能揭示概念的内涵,即使不使用否定,即使不使用比喻,也不是定义,或者不是好的定义。

以下是使用概念表达不当的例子。

(1) 概念错用,例如:
① 今年中秋节特别热闹,到处灯火阑珊。
② 这届奥运会,世界足球强队都在积极备战,觊觎桂冠。
③ 鲁迅笔下的阿Q是辛亥元年被枪毙的,阿Q所处的时代是一去不复返了。

(2) 概念不明,例如:
① "征36岁以下,身高1.60米左右,品貌好,淳朴善良,在城市工作

的女同志为伴侣,婚否不限。"

② 他抡起了石头般大小的拳头有力地挥动起来。

(3) 概念混淆,例如:

① 再请听叶浅予同志向有关领导的反应:"我几次去杭州,他向我讨画。1978年、1980年各有一幅……"

② 当祖国33岁生辰的时候……

③ 五一节前,我系统成功地举办了一次隆重的集体婚礼,这种集体结婚的形式,最近在我市很盛行。

(4) 概念赘余,例如:

① 每天报纸上、电视里都充斥着不少离奇古怪的新闻。

② 这出乎意料之外的事件,对于亚瑟来说,真是晴天霹雳,使他陷于极度的迷惘和苦闷之中。

(5) 误用集合,例如:

① 有个别人去旅游风景区随意猎捕鸟类,致使鸟类资源减少,有些鸟类已看不到了。

② 11月28日播出第一条关于赵松龄老人受虐待的消息,短短几天,数以百计的人们前去看望老人。

③ 淡黄色的晓月,斜照卢沟桥。这座"狮桥"是金代明昌三年建成的。"雄狮"在风霜雨雪中,已守桥七百多个岁月。

(6) 概念外延过宽,例如:

江西省费溪县境内冷水坑一带最近发现最大银矿床,远景储量超1万吨。

(7) 限制不当,例如:

① 落实党在农村的各项政策,减轻农民不合理的负担,是目前农村中刻不容缓的工作。

② 我父亲已去世一年,父亲在世的十几年中,经常教育我,要发扬艰苦朴素的优良作风。

(8) 概括不当,例如:

① 区环卫局970多名居住在市区和近郊区的职工中,有20户家庭饲养了鸡、鹅、兔等家禽。

② 益美超市四层最近增添了新款手机、数码相机、液晶电视、可视电话、频谱饮水机、纳米杯等最新电器产品,吸引了许多顾客光临。

(9) 并列不当

a. 属种并列不当,例如:

李风洲利用各种不正当手段,将自己的子女、亲属等 28 人的农村户口迁入城镇。

b. 交叉并列不当,例如:

太极拳辅导站多设在市中心的一些公园里。病人和老人想学习,因为路远难以前往。

c. 其他并列不当,例如:

为了弄清捻军的活动区域,她沿着黄河流域当年捻军的活动路线,到过河北、山东、烟台、嘉祥、菏泽等地,实地勘查八千余公里。

(10) 定义错误,例如:

① 新闻就是新闻机构报道的新闻。

② 剩余价值不是工人全部劳动创造的商品价值。"剩余价值"是指"由工人剩余劳动创造的那部分价值"。

③ 18 世纪美国著名科学家富兰克林的仆人是个黑人,他多次问富兰克林:"主人,绅士是什么东西?"富兰克林有一次回答说:"这是一种生物,是一个能吃、能喝、会睡觉,可是什么也不做的有生命的东西。"过了一会儿,仆人跑到富兰克林身边说:"主人,我现在知道绅士是什么东西了。人们在工作,马在干活,犍牛也在劳动,唯有猪只知道吃、睡而什么都不干。毫无疑问,这猪便是绅士了。"

④ 有人向一位美国记者请教:"什么才算是新闻呢?""这个,"他说道,"新闻嘛,就是关于离奇的、非同一般的、出乎意料的事件的报道。比如,当一条狗咬伤人时,这就不算是新闻;但当一个人咬伤一条狗时,瞧,这就算新闻了。"

(11) 划分错误,例如:

① 他收到的来信中,有 30 多封是工厂、银行、医院、印刷厂、铁路、学校和农村的女青年写的。[1]

② 顾客:"你们饭馆的米饭真不错,花样多。"服务员:"不就一种吗?"顾客:"不,有生的、熟的,还有半生不熟的。"[2]

---

[1] 李衍华:《咬文嚼字的逻辑》,北京大学出版社,2005 年,第 1—43 页。
[2] 谭大容:《笑话、幽默与逻辑》,北京大学出版社,2005 年,第 46 页。

第二章　判断与表达

第一节　判断概述

一、什么是判断

1. 判断的定义

判断是对客观对象有所断定的一种思维形式。

2. 判断的逻辑特征

判断对思维对象有所断定,这个断定不是真的就是假的。

3. 判断与句子之间的关系

(1) 判断一般由句子表达。

但是在特定的语境下,一个词,甚至一个字也可以表达判断。中国古代有不少文采华丽之章,风趣十足之文,但是有一些妙趣横生、意味深长的话,却只有一个字,我们一起来看看吧!

① 一字联

清咸丰年间,有一个才子出了一个一字联求对,曰:墨。不少人以书、笔等对之,均不巧妙。独有一人对:泉。此对句十分工巧:"墨"字上半部为颜色中的"黑",下半部为五行中的"土",而"泉"字上半部为颜色中的"白",下半部为五行中的"水","墨""泉"二字词性相同,平仄相对,确实不可多得,世人称为妙对,千古流传。

② 一字嫁妆

我国清代著名诗人、书法家何绍基,在得知女儿备办嫁妆后,便特地从京城捎回一只箱子。大喜之日,女儿春梅打开箱子一看,全家愕然。原来箱内空空如也,只是箱底工工整整地写着一个大字——"勤"。小夫妻很快领会了父亲的良苦用心,于是,一字嫁妆便成了治家的座右铭。

③ 一字家书

20世纪60年代初期,大作家赵树理收到大儿子赵广元要钱的一封信,信的内容很精炼:"钱!"没想到赵树理的回信不仅快而且同样精练:"0"!他认为儿子既已自立,就不该再依赖父母,可见赵树理教子有方。

④ 一字判词

清朝时期,一寡妇想改嫁他人,受到邻居和家人的百般阻挠。于是,她向官府呈上了状纸:"豆蔻年华,失偶孀寡,翁尚壮,叔已大,正瓜田李下,当嫁不嫁?"寥寥数语,尽述了改嫁理由。知县接状,拍案叫绝,挥笔写下一字判词:"嫁!"

⑤ 一字社论

1968年4月,美国《明星时报》发表了一篇约翰逊总统竞选失败的社论《约翰逊认输》,全文只有一个字:"妙!"它把报纸和它所代表的那个阶层的态度,极其鲜明地表达了出来,真是耐人寻味。

⑥ 一字回信

一个嫉妒心很强的人写了一封信给美国著名作家海明威:"我知道你现在的身价是一字一金,现在附上一块美金,请你寄个样品来看看。"海明威收下美金后回信说:"谢!"

⑦ 一字座右铭

鲁迅先生12岁时,就读于故乡绍兴的"三味书屋"。一次,因为帮母亲做事,上学迟到了,严厉的寿镜吾老师狠狠地责备了他。为了牢记教训,从严要求自己,他用小刀在书桌的右下角,方方正正地刻了一个字作为自己的座右铭——"早"。

⑧ 一字诗歌

北岛有一首题为《生活》的诗歌,全篇只有一个字"网",非常精练、深刻、形象地揭示了生活中那种错综复杂、千丝万缕的人际关系。

⑨ 一字小说

在一个微型小说征文比赛中,一篇《第一封情书寄去后》的小说获得最高奖。该小说只有一个字:"等……"真令人回味无穷。

⑩ 一字千金

传说,唐代文学家王勃到南昌,赶上都督阎伯屿的宴会,一气呵成写成《滕王阁序》。最后写了序诗:"闲云潭影日悠悠,物换星移几度秋。阁中帝子今何在?槛外长江(空)自流。"王勃在最后一句空了一个字不写,将序文呈上就上马走了。在座的人看到这里,都很奇怪,于是有人猜是"水"字,有人猜是"独"字,阎伯屿都觉得不对,派人去追回王勃,请他补上。派去的人赶到驿馆,王勃的随从对来人说:"我家主人吩咐了,一字千金,不能再随便写了。"阎伯舆知道后,说道:"人才难得。"便包好千两银子,亲自率领文人们到驿馆来见王勃。王勃接过银子,故作惊讶地问:"我不是把字都写全了吗?"大家都说:"那里是个'空'(kong)字呀!"王勃说:"对呀,是'空'字,槛外长江空自流嘛!"大家听了都连称:"绝妙!奇才!"

(2) 同一个句子表达不同的判断。

微信上流传的中文八级考题:请写出以下题目中两句话的区别。

① 冬天:能穿多少穿多少;夏天:能穿多少穿多少。

② 剩女产生的原因有两个:一是谁都看不上,二是谁都看不上。

③ 地铁里听到一个女孩大概是给男朋友打电话,"我已经到西直门了,你快出来往地铁站走。如果你到了,我还没到,你就等着吧。如果我到了,你还没到,你就等着吧。"

④ 单身人的来由:原来是喜欢一个人,现在是喜欢一个人。

又如以下两例:

① 清代陈其元的《庸闲斋笔记》记载了这样一件事:嘉兴马淡于多次参加科举考试不中。有一年他又要变卖妻子的首饰做路费前去应考。妻子苦苦相劝,马淡于就是不听。发榜时,报录人报他录取了。他洋洋得意地对妻子说:"如何?"并摆出大架子叫妻子替他穿靴。妻子无奈,只好为他效劳。可是靴子还没有来得及穿上,报录人又回来说报错了。他的妻子昂起头来说:"如何?"这时马淡于像泄了气的皮球——瘪了。马淡于和妻子都是用一个词"如何"来表示命题。马淡于说的"如何?"表达的是"我说我会中榜"这个命题。他的妻子说的"如何?"表达的是"我说你不会中旁"这个命题。这说明在不同的背景下同一个词也能表示两个不同的命题。

② "夔一足",这三字既可说是夔这个人只有一条腿,也可以说有夔这样一个人就足够了。单从字面看,两种解释都不错。究竟哪种解释正确呢?《吕氏春秋·察传》中记载了鲁哀公与孔子的对话。鲁哀公问孔子道:"主管音乐的夔只有一条腿,可信吗?"孔子回答说:"从前舜要用音乐来教化天下,就命重(有羲氏)和黎(有和氏)于草莽之中选拔到夔这个人,舜便用夔主管音乐。夔就调正六律、五声,使八方的风协和,天下都对舜很顺从。重、黎二人又想再多找些人。舜就说:'音乐是天地间最精华的东西,可以调和得失,所以只有有才智的人能够调整。夔是能够这样的,

并且能使天下安定,有夔这样一个人就足够了。'所以说'夔一足',并不是说他只有一条腿。"

(3) 同一个判断可以由不同的句子表达。

同一判断可以用不同的语句来表达,这一特点可以使文章生动活泼,富于变化。明朝何孟春编的《馀冬叙录》中记载了这样一个故事:一匹奔腾的马踩死了一条卧在路上的狗。几个文人聚在一起商议如何记载这件事。甲说:"马逸,有犬死于其下。"乙说:"有犬死奔马之下。"丙说:"适有奔马践死一犬。"后来又有两人议论起这件事,一人说:"有犬卧通衢大道,逸马蹄而毙亡。"另一个人说:"逸马杀犬于道。"这五个人,有的以"马"为主项,有的以"犬"为主项,文字有简有繁,使用了不同的语句,各有文采,但表达的却是同一个命题。其中,第五人表达得最简洁。

有时同一个意思可以由不同的复句甚至句群来表达,例如:

① "一群蚂蚁停在一根枯枝上,枯枝在湍急的河流里漂行。如果蚂蚁各自逃生,有可能跌入河水而丧生;如果他们抱成一团,树枝或许会在某个河湾搁浅,这群蚂蚁就会因此而得救。"——这么说太没有学问。

换一个说法如何?请看:"枯枝上的蚂蚁,如果不能从更为宏观的全部自然情境把握自身的行为,不能摆脱经验层面的认识原则,不能顾及各种动态与静态的综合效应,仅仅凭借观念史中原子化个人主义主张行动,从广义后果论观察,它们就会步入误区。在原子化个人主义的支配性语境中,蚂蚁群体的集体无意识将使自身解救活动趋于低效甚至完全失败。如果枯枝上的蚂蚁能凭借某种集中化手段,以聚集的组织模式为活动框架,达成一种互惠的构成因果关系,而不陷入已被充分形式化的既有分析框架,从而对现有情境做出新的解释,使自身的行动建立在更深层次的原则上,消除个体与群体二元对立的固有语境,那么,借助其肢体语言建立的集体意识,可以实现新的规范层面的积极义务与消极义务的统一。在这样一些群体行为的解构下,集体主义作为普世话语进入观念,进而得到狭义后果论意义上的集体的获救。"——这么说学问可就大了。要是在这样一段话中再加入一些外语词汇,学问就更大了。

② 牛津大学有个叫艾尔弗雷特的人,因能写点诗而在学校小有名气。有一次他在同学面前朗诵自己创作的诗。有个叫查尔斯的同学说这首诗是从一本书里偷来的。这使艾尔弗雷特非常恼怒,他要求查尔斯当众道歉。查尔斯却说:"我以前很少收回自己讲过的话。但这一次,我认

错了。我本以为他的诗是从我读的那本书里偷来的,但我到房里翻开那本书一看,发现那首诗仍在那里。"

(4) 语序的变化也可以表达不同的判断。例如:

① 相传清朝曾国藩带兵镇压太平天国农民起义军时,屡屡打败仗,他不得不上书朝廷禀告战况,表示自责之意。奏折中有这样一句话:"臣屡战屡败。"曾国藩写好后,让手下人看看有无不妥之处。有一个幕僚看后说:"这'屡战屡败'写得不妥。朝廷看到后一定会发怒,认为你无能,说不定还要加罪于你!"曾国藩说:"我不写失败的事,这是欺君之罪呀!"这个幕僚回答说:"战败的事,当然不能隐瞒。""那怎么办?""这个句子可以保留,只要稍加变动,就可以了。""先生请讲!""只要把'屡战屡败'的词序变动一下,改为'屡败屡战'就行了。"曾国藩一听,连声叫道:"妙!妙!"立即采纳了这个建议。

② 有一个十多岁少年到一个富户人家当伴读。课余时间,这个少年与富家子弟玩起了捉迷藏的游戏。淘气的富家子弟躲进了内室,少年也追到内室。少年以为富家子弟藏在被窝里,就揭开被子查看,一看被子里没有人,却看见一只镯子在床上。少年因家庭很贫穷,就顺手牵羊,拿了这只镯子。事发之后,少年承认了错误,并交还了镯子。事情本该到此结束,但是富家却不甘休,欲置少年于死地。富家的夫人亲自出马,请来了讼师写状子。讼师在状纸上写道:"该少年揭被勒镯。"夫人问道:"'揭被勒镯',能定死罪吗?"讼师回答说:"不行。""怎么样才能定少年死罪呢?""少年还有什么罪行?""没有了。但我想定他死罪,你有什么办法?"富家夫人的心肠十分恶毒。"这个好办,只要把'揭被勒镯'的词序变换一下,改为'勒镯揭被'就可以了。不定他死罪,也得坐大半辈子的牢。""'揭被勒镯'与'勒镯揭被'不是一个意思吗?""这个……夫人有所不知,'揭被勒镯'犯的是抢劫罪,'揭被'为的是'勒镯';而'勒镯揭被'既犯了抢劫罪,又犯了强奸罪,当然罪加一等。""原来如此!好!就怎么办。"夫人大喜。

状子送到县衙门。知县审理了此案,了解了事情真相,知道少年是冤枉的,但富家势大,是县中一霸,知县不敢得罪,于是禀告上司知府大人。知府在案卷上批示:"情有可原,理无可恕。"知县一看批示,心想:这下可糟了,这分明是要重判少年。怎么办呢? 知县左想右想,突然计上心来:何不将批示的八个字的次序调换一下? 于是知县将原告和被告招来,当众宣布:"该少年勒镯揭被,知府大人批示'理无可恕,情有可原',故从轻发落……"

③ 一美女兴致勃勃地问医生:"我想丰胸,但是丰胸后会有什么效果?"医生淡定地答道:"丰胸后,一般会有四种结果:大不一样,不大一样,一样不大,不一样大!"

④ "钱是没有问题"就题目这六个字组词成句,可以变成不同意思的句子! 钱是没有问题;问题是没有钱;有钱是没问题;没有钱是问题;问题是钱没有;钱没有是问题;是有钱没问题;是没钱有问题;是钱没有问题;有问题是没钱;没问题是有钱;没钱是有问题。

4. 判断要准确

一句话到底要表达什么意思一定要分清楚。

① 下面的对话就很有意思:

顾客:豆腐多少钱?

老板:两块。

顾客:两块一块啊?

老板:一块。

顾客:一块两块啊?

老板:两块。

顾客:到底是两块一块,还是一块两块?

老板:是两块一块

顾客:那就是五毛一块呗!

老板:去你的,不卖你了! 都把老子整糊涂了!

②《庄子·秋水篇》说的是:一条小河旁边有一口老井,有一天,河里的一只青蛙蹦到了老井里,同井里的青蛙交上了朋友。井里的青蛙洋洋得意地对河里的青蛙吹嘘说:"天下我最能干了,既会跳又会蹦,可谓天下的大王了。你看,在井里,这些小虫、小鱼都要乖乖地听我指挥。"河里的青蛙摇了摇头。"怎么,你不相信?"井里的青蛙说,"不信,我指挥给你瞧瞧。"河里的青蛙没有回答井里青蛙的问题,而是问:"你知道天有多大吗?""天有多大? 你怎么问这样的问题?"井里的青蛙不屑回答,"这不是明摆着的,天只有一个井大呗!""老兄,此言差矣!'天只有一个井大',这是不对的。天是无边无际的,可大着呢! 要说'天的某一部分有一个井大',这才对呢!""胡说! 天怎么比井大呢?"井里的青蛙指着头顶上的井口,"这怎么可能呢?""我说你不信,这样好了,等到井水涨满的时候,我们跳出井去,你就明白了。"终于有一天,两只青蛙一起跳出了老井。井里的

青蛙抬头一看,惊叫了起来:"哇!天竟然有这么大呀!"它想起自己在井里称王称霸的样子,感到十分可笑。

③ 日本京都大学佛学教授柳田圣山到上海玉佛寺参观。在大雄宝殿上,教授就洪钟的使用规矩、方法,询问玉佛寺的法师。法师说:"寺中做隆重佛事时,七七四十九天,日日夜夜都要敲击洪钟的。""恐怕不对吧!"柳田教授摇了摇头说,"七七期间,白天敲钟,夜里是不敲钟的。佛教寺庙的规矩是晨钟暮鼓,夜里敲钟,佛教经典上无此记载。"法师听后,微微一笑,没有再说什么。法师和柳田教授走出殿堂,来到寺中卖品部。柳田先生对中国书法字画很有研究,当他看到清人俞樾手书的唐诗《枫桥夜泊》时,爱不释手,久久不愿离去。这时,法师走上前去,随手在"姑苏城外寒山寺,夜半钟声到客船"中的"寒山寺""夜半钟声"上,画了几个圈,提请教授注意。

柳田教授先是略有所思,继而恍然大悟,很快就立正、低头、合掌,连连向法师致歉。柳田教授为什么要向法师致歉呢?因为柳田教授从法师所圈的古诗句中的"寒山寺""夜半钟声"上,悟出了自己所持的"晨钟暮鼓"之说是不成立的。柳田教授说的"佛教寺庙的规矩是'晨钟暮鼓',夜里敲钟,佛教经典上无此记载",是一个全称否定命题,即"一切佛教寺庙夜里都不会敲钟"。而法师指出,古诗中就记载了著名的佛教寺庙寒山寺,曾经半夜敲钟,即"有的佛教寺庙是夜里敲钟的",这是一个特称肯定命题。"一切佛教寺庙夜里都不会敲钟"与"有的佛教寺庙夜里敲钟"是矛盾关系,它们不能同真也不能同假。既然古诗中已表明"有的佛教寺庙夜里敲钟"是真的,那么与它相矛盾的命题"一切佛教寺庙夜里都不会敲钟"自然不能成立了。

第二节 直言判断概述

一、什么是直言判断

直言判断就是断定思维对象是否具有某种性质的判断。

二、直言判断的结构

| 所有的 | 人 | 是 | 动物。 |
| (量项) | (主项) | (质项) | (谓项) |

三、直言判断的种类

按照质项划分：肯定判断　　否定判断
按照量项划分：全称判断　　特称判断
按照质项和量项划分：

全称肯定判断：所有的 S 是 P　　　　SAP　　　A
全称否定判断：所有的 S 不是 P　　　SEP　　　E
特称肯定判断：有的 S 是 P　　　　　SIP　　　I
特称否定判断：有的 S 不是 P　　　　SOP　　　O
单称肯定判断：这个 S 是 P　　　　　ⓈAP
单称否定判断：这个 S 不是 P　　　　ⓈEP

四、自然语言中直言判断的规范化

① 没有无因之果。（A）
② 天鹅不都是白的。（O）
③ 鱼目岂能混珠。（E）
④ 不少植物不是多年生的。（O）
⑤ 没有谁不喜欢钱。（A）

五、直言判断的真假判定

根据直言命题主项和谓项概念间的外延关系，可以确定一个直言命题的真值。如图所示：

直言判断的真假判定

	同一关系	真包含于关系	真包含关系	交叉关系	全异关系
全称肯定命题	真	真	假	假	假
全称否定命题	假	假	假	假	真
特称肯定命题	真	真	真	真	假
特称否定命题	假	假	真	真	真

六、同一素材的直言判断之间的对当关系(真假关系)成立的前提条件

第一,同一素材(主谓项相同);第二,预设主谓项存在。

七、直言判断的对当关系

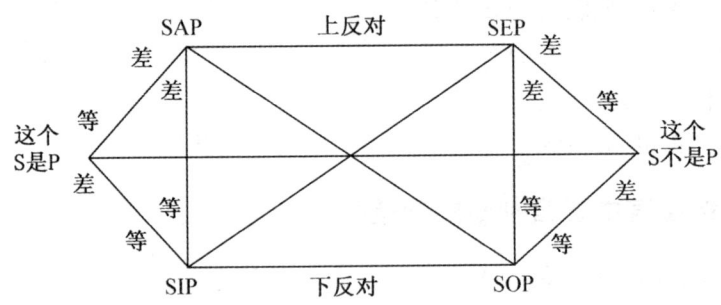

1. 上反对关系

可以同假不可以同真→由真推假

2. 下反对关系

可以同真不可以同假→由假推真

例如,马克·吐温的第一部长篇小说,是同查·沃纳合写的《镀金时代》。由于小说以一定的史实为根据,反映了国内战争后资本主义发展期间的投机暴发行为和政治腐败现象,以致引起不少人的猜测。在一次酒宴上,记者采访了马克·吐温,询问小说中的政客、参议员狄尔华绥与国会议员有无联系。马克·吐温压抑不住他对那些政客们的愤懑,忍不住大骂道:"美国国会中有些议员是狗娘子养的。"

不久,记者将此言公诸报端,傲慢的华盛顿议员们极为愤怒,纷纷要求马克·吐温澄清或道歉,否则将对他绳之以法。吃了一辈子官司之苦的马克·吐温答应登报道歉。几天后的《纽约时报》上果然出现了马克·吐温向联邦议员的"道歉启事":"日前鄙人在酒席上发言,说'美国国会中有些议员是狗娘子养的',事后有人向我兴师问罪,我考虑再三,觉得此语不恰当,而且也不符合事实。故特此登报声明,把我的话修改如下:'美国国会中有些议员不是狗娘子养的。'"

这样一来,由于马克·吐温的"道歉","狗崽子"议员的绰号反倒传遍了全国甚至全世界。

在这一段话里,马克·吐温其实是修改(改正)了自己原先的判断,而从自然语言的表达来看,更多的人更愿意理解成马克·吐温并没有改正自己的判断。

下面的表达,与马克·吐温的妙答有异曲同工之处。

抗日战争时期,国民党政府贪污成风。重庆有一家进步报社,以确凿的证据揭露某行政部门"有一半人员贪污"。这下可捅了马蜂窝,该部门大为光火,到报社兴师问罪。要求该报公开道歉,否则将严厉法办。报社答应登报"更正"。第二天,该报果然刊登了一则《重要更正》,上面说:"某月某日本报所载'某部门有一半人员贪污',乃系'有一半人员没有贪污'之错误,特此更正。"某部门见了,哭笑不得。群众见了,拍手称赞。

3. 差等关系(顺推)

由真推真

4. 差等关系(逆推)

由假推假

5. 矛盾关系

由真推假　　由假推真

八、对当关系推断

上反对关系:SAP→-SEP　　SEP→-SAP

下反对关系:-SIP→SOP　　-SOP→SIP

差等关系(顺):SAP→SIP　　SEP→SOP

差等关系(逆):-SIP→-SAP　　-SOP→-SEP

矛盾关系:SAP→-SOP　　SEP→-SIP

　　　　SIP→-SEP　　SOP→-SAP

　　　　-SAP→SOP　　-SEP→SIP

　　　　-SIP→SEP　　-SOP→SAP

第三节　关系判断

一、关系判断定义

关系判断就是断定思维对象之间具有什么关系的判断。

二、关系判断的结构

1. 关系者项——a,b,c,d
2. 关系项——R
3. 量项——所有的,有的

三、关系的性质

(一) 关系的对称性

1. 关系的对称

利用对称关系的判断可以体现表达者思维的敏捷和幽默。例如：

① 明人冯梦龙的《古今谭概》中有一则题为《王元泽》的故事："王元泽数岁时,客有以一獐一鹿同器以献,问元泽：'何者是獐,何者是鹿？'元泽实未识,良久对曰：'獐边者是鹿,鹿边者是獐。'客大奇之。"

② 章学诚的《文史通义》里记载说,明万历年间苏州人王某弄了个光宗耀祖的称号："太师大学士申时行隔壁豆腐店王二奶奶之位"。申时行是当朝宰相。那位豆腐店奶奶死后能身价百倍,全亏了排牌位的人替她攀龙附凤,与申时行拉上了"邻居"关系。你和我是邻居,自然我和你便是邻居。

③ 1932年2月,英国作家萧伯纳到中国访问。鲁迅、蔡元培等人与他在宋庆龄家里欢聚。饭后,大家到花园散步。这时恰逢多日连绵阴雨后,天气初晴,柔和的阳光照在萧伯纳的银发上,蔡元培先生高兴地说："萧翁,你真有福气,在上海看到了太阳。"萧伯纳听后微笑了一下说："不,这是太阳有福气,在上海看到了萧伯纳。"

2. 关系的反对称

例如：黎明比他的哥哥大。

3. 关系的非对称

例如：赵欣喜欢李彬。

（二）关系的传递性

1. 关系的传递

$aRb \wedge bRc \wedge aRc$，那么这个关系就是传递的。

2. 关系的反传递

$aRb \wedge bRc \wedge a-Rc$，那么这个关系就是反传递的。

3. 关系的非传递

$aRb \wedge bRc \wedge a?Rc$，那么这个关系就是非传递的。

例如：古时候有个聪明的老人，他有个打猎的朋友，送给他一只兔子。老人很高兴，当即用兔子做菜招待了猎人。一个星期后，有五六个人找上门来，自称"我们是送你兔子的那位朋友的朋友"，老人便拿出兔汤招待了他们。又过了一个星期，又来了八九个人，对老人说，"我们是送给你兔子的那位朋友的朋友的朋友"，老人就给他们端来一碗泥水。客人很诧异，问这是啥？老人说："这就是我那位朋友送来的兔子的汤的汤的汤。"我和你是朋友，你和他是朋友，我和他可能是朋友，也可能不是朋友而是冤家。老人的机智就在于形象地把"朋友"间的非传递关系揭示了出来。

四、准确使用关系判断

准确使用关系判断有时候就是表达的最妙境界。例如：

有一天，国王梦见一个人把他的牙齿都拔光了。第二天上朝，国王问手下大臣，谁能解这个梦。丞相上前解释道："陛下全家将比陛下先死。""混账！你胆敢诅咒我！"国王大怒，下令杀掉了丞相。这时正巧阿凡提进宫，国王就让阿凡提解梦。阿凡提想了一想，说："陛下将比您所有的家属长寿。""解得好！"国王听了十分高兴，立刻赐给阿凡提一件锦袍。

第四节 联言判断

一、联言判断概述

1. 定义

断定几种事物情况同时存在的判断。

2. 公式

$p \wedge q$

3. 语言形式

p 并且 q

例如:小张德才兼备。

二、联言判断的真假

p	q	p∧q
+	+	+
+	−	−
−	+	−
−	−	−

由于联言判断要求几种事物情况同时存在,所以,只有当联言判断的两个肢判断都真时,联言判断才真;只要联言判断的肢判断有一个为假,联言判断就为假。

三、联言判断的意义

1. 加强表达的气势

魏巍在《谁是最可爱的人》一文中写道:"他们的品质是那样的纯洁和高尚,他们的意志是那样的坚韧和刚强,他们的气质是那样的淳朴和谦逊,他们的胸怀是那样的美丽和宽广。"[①]

2. 可以用来做对偶以加强修辞效果

1896年,鲁迅在三味书屋师从寿镜吾先生读书已有好几年了,一次寿镜吾先生出了一个课题(上联)"独角兽",要求学生对课(对出下联)。学生七嘴八舌,鲁迅思忖了一会儿,根据《尔雅》对了个"比目鱼"。寿老先生连连点头,十分满意。[②]

3. 同时为真

联言命题的重要意义就在于强调联言肢必须同时都是真的,无论有多少个联言肢,否则联言命题就是假的。例如这样的表达就不符合联言命题的要求:"她,已经年过50。对于演员,年龄是大了些。可是,只要听

---

① 张大友:《修辞趣话》,旅游教育出版社,1993年,第119页。
② 张大友:《修辞趣话》,第111页。

她唱,她还很年轻。"①

第五节　相容选言判断

一、相容选言判断

1. 定义

断定几种事物情况至少有一种情况存在并且可以同时存在(X≥1)的判断。

2. 公式

p∨q

3. 语言形式

p 或者 q

例如:他或者是演员,或者是导演。

二、相容选言判断的真假

p	q	p∨q
+	+	+
+	−	+
−	+	+
−	−	−

由于相容选言命题要求至少有一种事物情况存在并且可以同时存在,所以相容选言命题只要有一个选言肢为真,它就是真的,并且只有当所有的选言肢为假时,它才为假。

故意遗漏选言肢,是许多人在论辩中惯用的手法。例如,柏拉图在《理想国》中,记载了苏格拉底与玻勒马霍斯的一段对话。苏格拉底问:"下棋的时候,一个好而有用的伙伴,是正义者还是下棋能手呢?"玻勒马霍斯肯定地回答说:"下棋能手。"苏格拉底又问:"在砌砖盖瓦的事情上,正义的人当伙伴,是不是比瓦匠当伙伴更好、更有用呢?"玻勒马霍斯摇了

---

① 李衍华:《咬文嚼字的逻辑》,第 79 页。

摇头说:"当然不是。"苏格拉底笑了:"您的回答告诉人们一个道理:人们并不喜欢正义。对不对?""啊?"事实上,正义者与技匠的可能组合有四种:是正义者但不是技匠,是非正义者又是技匠,是正义者又是技匠,是非正义者又不是技匠。苏格拉底故意隐瞒遗漏了后面两种可能情况,其中包括人们应当正确选择的那种可能情况——既是正义者又是技匠。因此苏格拉底的结论是没有逻辑根据的。

第六节 不相容选言判断

一、不相容选言判断概述

1. 定义

断定几种事物情况至少有一种情况存在并且只有一种情况存在(X＝1)的命题。

2. 公式

$p \underline{\vee} q$

3. 语言形式

要么 p,要么 q。

例如:要么走资本主义道路,要么走社会主义道路。

二、不相容选言判断的真假

p	q	$p \underline{\vee} q$
+	+	−
+	−	+
−	+	+
−	−	−

由于不相容选言命题要求只能有一种事物情况存在,所以,只有当选言肢有且只有一个为真时它才真,选言肢不止一个为真或者都是假的,它必定是假的。

① 拉·封丹是法国 17 世纪著名的寓言诗人。他有首《磨工卖驴》的寓言诗,饶有风趣又发人深省,概述如下:一个老磨工和他 15 岁的儿子一

起赶集卖驴子。为了使牲口显得肥壮而易出售,他们便抬着驴子走。路上骂声不绝于耳:"可怜虫!傻瓜!粗胚!蠢材!"有人还大笑说:"三个中最笨的笨驴,看来不是驴子自己。"磨工于是让儿子骑驴,自己徒步。走不多久,一位老商人向孩子大喝:"下来!下来!"理由是青年人带老跟班,不成体统。于是他们换了一个地位。后来三个少女看见,又大骂老蠢材虐待孩子。老人连忙叫儿子也上驴子。走不到三十步又有旁人为驴子抱不平。老磨工叫苦不迭,只好让驴子领队,爷儿俩做跟班。某君又嘲讽说:"这是不是新的风尚,把驴子也来个解放?"这时,磨工终于大彻大悟,从中选择了一个方案,随人家怎么说,走自己的路。

② 古代齐国有个女子,长得非常漂亮。当她到了出嫁年龄的时候,同时有两家前来求婚。村东的一家小伙子长得十分英俊,但是家境贫寒,生活艰苦;村西的一家小伙子长得非常丑陋,但是家境殷实,广有钱财。女孩子的父母左右为难,拿不定主意,就来征求女儿的意见。不料一提婚事,女儿就羞得满脸通红,用被子蒙住头不说话。父母见状,就想出了一个办法,说:"如果你同意嫁给村东的小伙子,就把左手伸出来;如果同意嫁给村西的小伙子,就把右手伸出来。"这个女子考虑了半天,把两只手同时从被子里伸了出来。"你这是什么意思?"父母迷惑不解。女孩子掀开被子,回答说:"我想在西边那家吃饭,在东边那家住宿。""啊?这怎么可以呢?"父母两人大吃一惊。

第七节　充分条件假言判断

一、充分条件假言判断概述

1. 定义
断定事物情况之间具有充分条件关系的假言判断。
2. 充分条件的理解
有之必然,无之未必不然。
3. 公式
p→q
4. 区别
多因一果。

5. 语言形式

如果 p,就 q。

例如:如果患肺炎,就发烧。

二、充分条件假言判断的真假

p	q	p→q
+	+	+
+	−	−
−	+	+
−	−	+

充分条件假言命题的性质是有前件必有后件,没有前件,可以有也可以没有后件,所以,只有当前件真而后件假时才违背这一性质,充分条件假言命题才是假的。

① 有人问古印度的一个哲学家:"一滴水怎么才不会干涸?"他回答道:"把它放到海里去。"这句话后来就成了千真万确、千古传颂的名言。这句话的奥妙从逻辑上讲,就是运用了充分条件假言命题的形式:"一滴水如果把它放到海里去,那么它就不会干涸。"

② 《波斯趣闻》中记载,有一次,国王问身边的大臣:"王宫前面的水池里共有几杯水?"大臣回禀:"这种问题,只要问一个小孩子就能得到正确的答复。"于是,一个小孩子被召来了。"要看是怎样的杯子,"小孩不假思索,应声而答,"如果杯子和水池一般大,那就是一杯;如果杯子只有水池的一半大,那就是两杯;如果杯子只有水池的三分之一大,那就是三杯;如果……""行了,完全对。"国王说着,奖赏了小孩。

③ 香港小说《选美前后》中有这样一个情节:香港选美进入决赛阶段,主持人为了测试参赛的杨小姐的谈吐和应对技巧,便问道:"假如要你在两个人中选择一个做你的终身伴侣,你会选择谁呢? 这两个人,一个是波兰大音乐家肖邦,一个是德国法西斯头子希特勒!"漂亮聪颖的杨小姐不慌不忙,语出惊人:"我要嫁给希特勒!"台下观众顿时骚动起来,追问她为什么选希特勒。杨小姐微笑着回答:"我希望自己能感化希特勒。如果我嫁给希特勒,第二次世界大战就不会死那么多人,我也肯定不会让他发动第二次世界大战!"

④ 阿道夫·门采尔是 19 世纪德国的著名画家。有一天,一位画家向他诉苦说:"我真不明白,为什么我画一幅画只需要一天时间,可是卖掉它却让我等上整整一年?"门采尔听了,认真地说:"亲爱的,请您倒过来试试吧,要是您花一年工夫去画它,那在一天里准能卖出。"门采尔将诉苦人的话颠倒了一下,巧妙地构成了一种充分条件关系,揭示了艺术创作必须历尽千辛万苦才能成功的道理。

⑤ 数学老师给同学们出了一道数学题让大家解答:"在什么条件下,二加三不等于五?"这个问题一下子把大家难住了。沉默了一会,学生 A 说:"负二加负三就不等于五。"数学老师说:"不能用负数,'二'和'三'都是正整数。"同学们很奇怪:"正整数的二与三相加,怎么会不等于五呢?"学生 B 脑筋一转,来了灵感,他想,老师出的题目可能是脑筋急转弯,于是回答说:"当两只狼和三只兔子放在一起时,就不等于五只动物,因为狼会把兔子吃掉。"学生 C 受到了启发,也说:"两只猫加三只老鼠也不等于五,还有……""不对不对,你们想偏了,"老师连连摇头,"不能用名数。"大家想出了各种答案,都被数学老师否定了。"好了好了,我们服输了,老师您公布答案吧!"同学们急切地问。"这个答案就是,"老师停顿了一下,慢慢地说,"如果一加一不等于二,那么,二加三就不等于五。""哈哈哈!"全班同学哄堂大笑。

大家笑过之后,数学老师问:"难道我说得不对吗? 请同学们想一想其中的道理。"学生 C 说:"老师,您用的是充分条件假言命题。""这个充分条件假言命题是真的还是假的?""当然是真的。"学生 C 肯定地说。"为什么呢?""因为它的前件'一加一不等于二'是假的。充分条件假言命题的前件是假的,不管后件是真是假,整个命题总是真的。""说得很对。大家知道,'二加三不等于五'是一个众所周知的假命题。为了使以这个命题为后件的充分条件假言命题为真,就必然要求前件也是一个假命题,所以我就将'一加一不等于二'这个假命题,作为它的前件。"学生 B 说:"这样的话,您的这个问题就不止一个答案,'一加一不等于二'可以换成'二加二等于五''太阳从西方升起''海枯石烂'等。""完全正确!"

第八节 必要条件假言判断

一、必要条件假言判断概述

1. 定义

断定事物情况之间具有必要条件关系的假言判断。

2. 必要条件的理解

有之未必然,无之必不然。

3. 公式

p←q

4. 区别

合因一果。

5. 语言形式

只有 p,才 q。

例如:只有学习好,才能被评为三好学生。(除非……才;除非……不)

二、必要条件假言判断的真假

p	q	p←q
+	+	+
+	−	+
−	+	−
−	−	+

必要条件假言命题断定事物间的逻辑关系是"有前件未必有后件,而没有前件一定没有后件"。所以,只有当没有前件而有后件时是不符合这一性质的,这时的必要条件假言命题为假,其他情况为真。

湖南民间故事中有一则《巧媳妇》的故事,说的是一个叫巧姑的媳妇,把家务安排得井井有条、妥妥当当。她公公张老汉一时高兴,就在自己家的大门上贴上"万事不求人"五个大字。没想到贴了没多久,就被从门前经过的知府大人看见了。知府十分生气,心想:"你万事不求人,岂不是把我这个堂堂的知府不放在眼里吗?我非让你来求求我。"于是他把张老汉抓来,对他说:"你本事真大啊,竟敢说万事不求人?我现在要你办两件事,第一件是找一块遮天的布,第二件是备好灌满大海的油。限你三天内办好。如果办到了,我就饶了你;如果办不到,定拿你治罪。去吧!"张老汉非常着急,把情况告诉了儿媳妇。巧姑安慰他说:"公公不用慌张,这件事我来应付。"三天之后,知府果然来到张老汉家,大声问道:"张老头,两件事情办得怎么样啦?"巧姑代替公公回答说:"布已经准备好了。""准备好了?"知府大人没想到巧姑会这样回答。

"那就拿出来给本老爷瞧瞧。""我准备了很多布,可就是不知道取多少布才能遮天?请问老爷,天有多大?"知府说:"我怎么知道天有多大?我又不能去丈量它。"巧姑说:"只有知道天有多大,才能知道取多少布。你不知道天有多大,我怎么知道取多少布来遮天呢?"知府一听不知所措,急忙说:"好了,这一件事就算了,那灌满大海的油呢?""也按你的吩咐准备好了,不过——""不过什么?""请知府大人把大海里的水抽干,我们马上就灌油。"知府说:"笑话!大海的水那么多,怎么抽得干?"巧姑说:"只有把大海的水抽干,我们才能灌油。你不能把大海的水抽干,我们怎么往大海里灌油?""这——"知府听了,答不出话来,只好灰溜溜地走了。

第九节　充分必要条件假言判断

一、充分必要条件假言判断概述

1. 定义
断定事物情况之间具有充分必要条件关系的假言判断。
2. 充分必要条件的理解
有之必然,无之必不然。
3. 公式
p⟷q
4. 区别
一因一果。
5. 语言形式
当且仅当 p,才 q。
例如:当且仅当一个数能被 2 整除,这个数才是偶数。

二、充分必要条件假言判断的真假

p	q	p↔q
+	+	+
+	−	−
−	+	−
−	−	+

充分必要条件假言命题的性质是"有前件必有后件,没有前件就没有后件",所以,对于充分必要条件假言命题来说,前后件取值一致就是真的,前后件取值不一致就是假的。

第十节　模态判断

一、什么是模态判断

模态判断就是含有模态词的判断。

二、模态判断的分类

(一) 必然判断

(1) 肯定的必然模态判断

(2) 否定的必然模态判断

(二) 或然判断

(1) 肯定的或然模态判断

(2) 否定的或然模态判断

三、模态判断逻辑方阵

不可能 p＝必然非 p

不一定 p＝可能非 p

不一定不 p＝可能 p

不可能不 p＝必然 p

必然 p＝不可能不 p

必然非 p＝不可能 p
可能 p＝不一定不 p
可能非 p＝不一定 p
上述逻辑等式用文字表述就是：
今天不可能下雨＝今天一定不下雨。
今天不一定下雨＝今天可能不下雨。
今天不一定不下雨＝今天可能下雨。
今天不可能不下雨＝今天一定下雨。
今天一定下雨＝今天不可能不下雨。
今天一定不下雨＝今天不可能下雨。
今天可能下雨＝今天不一定不下雨。
今天可能不下雨＝今天不一定下雨。

第三章　思维规律与表达

正确遵守逻辑规律是我们正确思维的前提,所以要想有一个好的表达,就必须遵守逻辑思维规律。

第一节　同一律

一、定义

在同一个思维过程中,每一思想与其自身是同一的。

公式:A 是 A;P→P

二、同一律的逻辑要求

(1) 使用的概念要有确定的内涵和外延。

(2) 使用的命题要有确定的、同一的含义。

从这一点来说,为什么对于同一对象在同一时间和同一关系之下,只能用同一概念表达呢？这是因为任何一个对象在同一时间和同一关系之下,只能具有同一的属性。如关于"资本主义社会"的概念,在没有改变它的生产关系之前,始终具有生产的社会性和占有的私人性的同一特征,对于这样一种社会,我们就只能用同一的"资本主义社会"这一概念表达；如果我们用了不同的概念表达同一个社会对象,就破坏了"资本主义社会"这一概念的同一性,也就不会有确切的"资本主义社会"的概念。

如果在议论过程中对所使用的概念,开始时指的是一种意义,后来又指其他意义,那就破坏了同一律的要求,这就犯了"偷换概念"或"偷换论题"的逻辑错误。例如当马克思主义的敌人采用偷换论题的诡辩手段提出所谓"吃饭决定人们的意识"这一命题以攻击马克思主义时,斯大林根据同一律的要求给予有力的驳斥:"究竟何时、何地、在哪个行星上,有哪个马克思说'吃饭决定思想体系',为什么你们没有从马克思著作中引出一句话或一个字来证实你们这种论调呢？诚然,马克思说过:'人们的经济地位决定人们的意识,决定人们的思想'。可是,谁向你们说过,吃饭和经济地位是同一种东西呢?难道你们不知道像吃饭这样的生理现象,是和人们经济地位这种社会现象根本不同的吗?"

从第二点来说,对于不同的对象应该用不同的概念来表达。因为既然对同一对象只能用同一概念来表达,那么,对不同对象,就自然需要用不同概念。如果对不同对象反而用同一概念来表达,就会混淆概念,造成思想的混乱,思维的确定性也就必然遭到破坏,所以不允许"混淆概念"。概念不能混淆,就是说,要把不同的对象区别开来,用不同的概念来表达。如果把不同的对象误作一个东西,用同一的概念来表达,就会把事物的性质混淆。鲁迅在《论"费厄泼赖"应该缓行》一文中所驳斥的将"打死老虎"与"打落水狗"相提并论,就是揭露那些别有用心地混淆两种概念的言行。"死老虎"是比喻已死的敌人的,而"落水狗"则是活的,一旦上岸还会咬人。

三、违反同一律的错误表现

(1) 对同一语词所表达的几个不同概念互相混淆或偷换。如"白马非马"的"非",可以做"不是"解释,也可以做"异于"解释。说"白马不是马"是一种理解,说"白马异于马"也是一种理解。"再见",既可以是"再次出现",又可以是告别时说的"再会"。

再比如,徐迟在《哥德巴赫猜想》中有如下的一段叙述:

"第二天又上课了,几个相当用功的学生兴冲冲地给老师送上了几个答题的卷子。他们说,他们已经做出来了,能够证明那个德国人的猜想了,'可以多方面地证明它,没有什么了不起,哈,哈。''你们算了,'老师笑着说。'算了,算了,''我们算了,算了,我们算出来了。''你们算啦!好啦,好啦,我是说,你们算了吧,白费这个力气做什么?'……"

(2) 对同音而语言表达形式不同的概念互相混淆。如"枇杷"与"琵琶","稿子"与"镐子",都可以因音同而相混。

(3) 对集合概念与非集合概念不严加区别,互相混淆或偷换。如达尔文提出"人类是由猿猴进化来的"这一命题,当时有人站在宗教神学立场上责问:"有哪个人不是父母生的,而是由猴子变成的,又有哪一只猴子变成人?"这是把"人类"这个集合概念偷换为"人"这个普遍概念。

(4) 对某些有联系或表面相似的两个不同概念互相混淆或偷换。如把"形式逻辑"说成"形式主义"的逻辑,"形而上学"的逻辑。把"从外国引进先进技术"说成"洋奴哲学",把"经验"说成"经验主义",把马寅初的关于节制生育的"新人口论"说成"马尔萨斯的人口论",等等。

(5) 任意改变某个概念的内涵和外延。如把列宁在俄国革命困难时期对某些动摇、脱离革命的"知识分子"的批评,扩大为对所有知识分子的指责。

又如鲁迅在《半夏小集》里写的如下一段对话:

A:B,我们当你是个可靠的好人,所以几种关于革命的事情都没有瞒了你,你怎么竟向敌人告密了。

B:岂有此理,怎么是告密,我说出来,是因为他们问了我呀!

A:你不能推说不知道吗?

B:什么话!我一生没有说过谎,我不是这种靠不住的人!

(6) 改变词序以偷换概念。例如,在《战国策》中《赵威后问齐使》的一段对话:"齐王使使者问赵威后,书未发,威后问使者曰:'岁亦无恙耶?民亦无恙耶?王亦无恙耶?'使者不说,曰:'臣奉使使威后,今不问王而先问岁与民,岂先贱而后尊贵者乎?'威后曰:'不然,苟无岁,何以有民?苟无民,何以有君?故有问,舍本而问末者耶?'"

其他诸多有趣的违反同一律的案例如下:

① 玄宗天宝十四年(755年),李白云游到秋浦(今安徽贵池)。当地有个豪士叫汪伦,家居泾川(今属安徽)桃花潭一带。汪伦久闻大诗人李白的大名,很想与李白见上一面,但是他又不认识李白,怎样才能使李白来到自己的家乡呢?汪伦苦苦思索,终于想出了一个好办法,于是他就给李白写了一封信,信中说:"先生好游乎?此地有十里桃花。先生好饮乎?此地有万家酒店。"李白平生有两大嗜好:既好游又好饮,见信上说得如此之好,欣然前往。结果,李白看到了十里桃花潭,万姓人家的酒店。

② 一个旅行者经过长途跋涉,又渴又饥,步履艰难地走进了一家酒店。"老板,请问夹肉面包多少钱一份?""五先令一份,先生!""请给我拿两份。"老板给了旅行者两份夹肉面包,旅行者又问:"请问,黑啤酒多少钱一瓶?""十先令一瓶,先生!""现在我感到渴比饿还厉害,我想用两份夹肉面包换一瓶黑啤酒,可以吗?老板!""当然可以。"老板爽快地说。老板收起了面包,拿来一瓶黑啤酒,旅行者"咕嘟咕嘟"一饮而尽,嘴巴一擦,然后背起背包就要登程。老板急忙叫住他,客气地说:"先生……"旅行者打断

了老板的话,不耐烦地说:"难道非要我在这里住下?""不,先生,您还没有付啤酒钱呢?""我不是用夹肉面包换的啤酒吗?""可是面包钱您也未付啊,先生!""我没有吃你的面包,为什么要我付面包钱啊?""是啊,他没有吃我的面包。"老板想,一时竟找不出对方的差错,听任旅行者扬长而去。

③ 有一次,晋平公要选拔县令,他找来祁黄羊,对他说:"南阳缺个县令,你看看,谁可以担任这个职务呢?"祁黄羊想了想说:"我看解狐这个人可以。"晋平公吃惊地问道:"解狐不是你的仇人吗?你为什么要推荐他呢?"祁黄羊笑着说:"您问的是谁可以胜任县令的职务,并没有问谁是我的仇人呀!"晋平公觉得有道理,便用了解狐。解狐到任后,十分称职。他治理的地方,人民安居乐业。晋平公和大臣们都很满意。过了一段时间,晋平公又对祁黄羊说:"现在国家没有尉官,你看看,谁可以担任这个职务呢?"祁黄羊立即回答说:"我看祁午可以。"晋平公迟疑了一下,说:"祁午不是你的儿子吗?"祁黄羊:"是呀!您问我谁可以担任尉官的职务,并没有问谁是我的儿子呀!"晋平公也觉得他说得有道理,就任用祁午为尉官。祁午上任后,尽心尽力地工作,把军队治理得纪律严明。大家都说任人得当。孔子听说这件事后,称赞说:"祁黄羊的举荐太好了!他外举不避仇,内举不避亲,可称得上公正无私了!"

④ 在拿破仑的军队里,有一个对法语一窍不通的瑞典人。一次,他听说拿破仑要来检阅部队并要向他提问。他非常着急,就去找战友们商量办法。一个战友说:"不要紧,拿破仑总是按照顺序提三个问题:第一个问题是'你多大岁数了?'第二个问题是'你在我的部队里服役多久了?'第三个问题是'你是否参加过我指挥的两次大战一个?'"于是,瑞典人在战友的帮助下用法语按顺序背出了这三个答案:"23岁,首长","3年了,首长","都是的,首长"。检阅那天,拿破仑在陪同人员的引导下,走到瑞典人面前停了下来,开始向他提问。遗憾的是,严格遵守次序的拿破仑这次却打破常规,把提问的顺序变更了。第一个问题是:"你在我的部队里服役多久了?"瑞典人挺了挺胸,回答说:"23岁,首长。"瑞典人这句法语学得最好,口齿又清楚。而拿破仑却大吃一惊,心想:怎么这么年轻就在部队干了23年?他又继续问道:"那你今年有多大岁数了?""3年了,首长。"瑞典人响亮地答道。拿破仑吃惊又生气地说:"是我疯了还是你疯了?""都是的。首长。"瑞典人的回答充满了自豪感。

⑤ 松鼠问题是逻辑中著名的问题之一。什么是松鼠问题呢?有两

个猎人老伊和老鲍一起到山里去打猎。在树林里,他们看见一棵大松树上有一只可爱的小松鼠。奇怪的是,这只小松鼠一点也不怕人,张大着双眼紧盯着老伊和老鲍。他们向左走了几步,松鼠也同样向左移动了几步。他们向右走了几步,松鼠也向右移了几步。老伊和老鲍干脆围绕着这棵大松树走了一圈,没想到的是,这只松鼠也在树上绕了一圈,它的脸一直对着两个猎人,并且双眼紧紧盯着他们。这时候,在旁边观望的另一个猎人问他们:"你们有没有绕着松鼠走了一圈?""有,"老伊说,"松鼠在树上,我们已经环绕这棵松树走了整整一圈,当然也就是绕着这只松鼠走了整整一圈了,即走了一条封闭曲线。""不对不对!"老鲍马上表示反对,他说:"我们根本没有环绕松鼠走一圈。这个道理很简单,如果我们已经环绕松鼠走了一圈的话,那么,我们就应该从各个方面看到松鼠,但事实上,我们却始终只看见松鼠的面部,而松鼠的其余部位都没有看到。这怎么算环绕松鼠走了一圈呢?""哪有这样的道理?环绕松鼠走了一条封闭曲线,还说没有绕着松鼠走一圈!"老伊不依不饶。"那你看到松鼠的尾巴了吗?没有吧,"老鲍也不甘示弱,"这怎么叫环绕松鼠走了一圈呢?"

⑥ 有一则古代的幽默:宋朝有个叫郭功甫的人,一次路过杭州时,特意把自己写的一卷诗,拿去给苏东坡看。他见苏东坡那里满座名士正谈笑风生,感到一展诗才机会难得,就抑扬顿挫地给苏东坡朗诵了自己的作品,声音高亢洪亮,一时惊动满座。朗诵完毕,他踌躇满志地问苏东坡:"您看我这诗能得几分?"苏东坡笑笑,很宽宏地说:"10分!"郭功甫听了很高兴,又问苏东坡:"怎么能得满分呢?"苏东坡说:"7分是读,3分是诗,加一起不就是 10 分吗?"

⑦ "有一条大河挡住了一个旅行者的去路,河里有 10 条大鳄鱼,河上有一座桥,桥上有 9 只老虎,请问他如何过去?"同学们绞尽脑汁想尽了各种办法。一个同学说:"乘坐热气球过去。""不行!"老师说,"没有热气球,任何飞行器都没有。""河边有一棵大树,他在树上拴一根绳子,然后荡秋千过去。""河边没有树,也没有绳子。""撑竿跳过去。""不行,没有竿子。""有了。老虎掉在河里,或者鳄鱼爬到桥上,老虎和鳄鱼打起来了,他乘机过了河。""不对!""这些老虎是在动物园长大的,不咬人,或者鳄鱼已经吃饱了,不会伤人。""还是不对。即便是那样,我相信,谁也没有这个胆量。""鳄鱼在河里一字排开,他用极快的速度踩着鳄鱼的背过去。""河很宽,10 条鳄鱼太少。"该想到的办法都想到了,老师还是说不对。最后,大

家承认想不出来了,请求老师公布答案。老师微微一笑说:"答案是:他昏过去了。""啊?"全体同学吃惊得差点昏过去。这就是故意违反同一律造成的独特魅力。

⑧ 一天,阿凡提给一个财主理发。这个财主是个吝啬鬼,每次理发都不给钱。阿凡提很生气,决定狠狠地惩罚他一下。阿凡提给财主剃完头后,在给他刮脸的时候,问道:"老爷,您要眉毛吗?"财主心想,哪有人不要眉毛呢? 随即应道:"当然要,这还用问!""好,你要我就给您。"阿凡提说着,飕飕两刀,就把财主的两道眉毛刮下,递到财主手里。财主一见自己的眉毛被刮下来了,就对着阿凡提怒吼:"阿凡提,你这该死的东西,你怎么把我的眉毛刮下来啦?"阿凡提从容不迫地回答:"尊敬的老爷,您不是要眉毛吗? 您瞧,我把它刮下来,规规矩矩地递到您的手里了。这有什么错误吗?"财主没话可说,只好让阿凡提继续刮脸。阿凡提又问:"老爷,您要胡子吗?"财主心想,可不能再上当了。于是连忙说:"不要! 不要! 一根也不要!""好,不要就不要。"阿凡提说着,'唰唰'几刀把财主的胡子全刮下来甩在地上。财主理完发,对着镜子一照,可了不得了! 他本来剃的是光头,现在连眉毛、胡子都没有了,整个脑袋光溜溜的,像个大肉球。财主暴跳如雷,大骂起来:"阿凡提,你这混账东西,你怎么把我的胡子也刮下来啦!"阿凡提不慌不忙地说:"高贵的老爷,这是您吩咐的,不要胡子,一根也不要。您瞧,我就把它刮下来扔到地上了。"财主气得目瞪口呆,一句话也说不出来。

第二节 不矛盾律

一、定义

在同一个思维过程中,两个否定的思想不能同真,必有一假。

公式:A 不是非 A;$\neg(P \wedge \neg P)$

二、不矛盾律的逻辑要求

(1) 在同一个思维过程中,不能同时使用两个互相矛盾的概念指称同一个对象。

(2) 在同一个思维过程中,不能同时肯定两个互相矛盾的命题都是真的,必须确认其中有一个是假的。

如果对于同一个对象同时做出两个相反的论断,就犯了"逻辑矛盾"的错误。例如:

"公输盘为楚造云梯之械,成,将以攻宋,子墨子闻,起于齐,行十日十夜而至于郢,见公输盘。公输盘曰:'夫子何命焉为?'子墨子曰:'北方有侮臣,愿藉子杀之。'公输盘不说。子墨子曰:'请献十金。'公输盘曰:'吾义固不杀人。'子墨子起再拜曰:'请说之,吾从北方,闻子为梯,将以攻宋。宋何罪之有?荆国有余于地,而不足于民,杀所不足,而争所有余,不可谓智。宋无罪而攻之,不可谓仁。知而不争,不可谓忠,争而不得,不可谓强。义不杀少而杀众,不可谓知类。'公输盘服。"　　《墨子·非攻》

三、违反不矛盾律的错误表现

(1) 在两个不能同真的对立判断之间都做肯定的自相矛盾的断定。正如亚里士多德所表述的:"互相对立的命题不能同时都是真的","肯定和否定不可能同时都真"。因此,"不可能同时肯定和否定某个东西"。这是不矛盾律的基本原理。

(2) 自相矛盾的情况隐藏在一个判断或概念中。自相矛盾隐藏在判断中叫自毁命题,隐藏在概念中叫自毁概念。例如:

鲁迅在批判一位"废名先生"文章中的自相矛盾时,这样揭露:"有时发表一些顾影自怜的吞吞吐吐文章的废名先生,这回在《人间世》上宣传他的文学观了:文学不是宣传。这是我们已经听得耳膜起茧了的议论。谁用文字说'文学不是宣传'的,也就是宣传——这也是我们已经听得耳膜起茧了的议论。写文章自以为对于社会毫无影响,正如称'废名',而自以为真的废了名字一样。'废名',就是名。要于社会毫无影响,必须连任何文字也不立,要真的废名,必须连'废名'这笔名也不署。"

(3) 在同一议论中前后自相矛盾。在同一议论过程中,论题与论据自相矛盾,前提与结论自相矛盾,这种情况也是常见的。例如鲁迅在批判所谓"文学应当描写永久不变的人性,否则便不久长"的谬论时指出:"上海的教授对人讲文学,以为文学当描写永久不变的人性,否则便不长久。例如英国莎士比亚和别的一两个人所写的是永久不变的人性,所以流传至今,其余的不这样,就都消灭了云。这真是所谓'你不说我倒还明白,你越说我越糊涂了'。英国许多先前的文章不流传,我想,这是总会有的,但竟没有想到它们的消灭,乃因为不写永久不变的人性,现在既然知道了这一层,却更不解它们既已消灭,现在的教授何从看见,却居然断定它们所写的都不是永久不变的人性了。"

(4) 态度前后变化,自相矛盾。在日常生活中,对人、对物、对事前后态度不同,互相冲突,这也是违反不矛盾律。如《史记·苏秦列传》记载,苏秦开始时"出游数岁,大困而归,兄弟嫂妹妻妾皆窃笑之",苏秦羞愧无以自容。后来苏秦游说六国取得成功,"为从约长,并相六国"。这时,"北报赵王,乃行过雒阳,车骑辎重,诸侯各发使送之甚众,疑于王者。周显王闻之恐惧,除道,使人郊劳。苏秦之昆弟妻嫂侧目不敢仰视,俯伏侍取食。苏秦笑谓其嫂曰:'何前倨而后恭也?'嫂委蛇蒲服,以面掩地而谢曰:'见季子位高金多也。'"

(5) 言行不一的矛盾。言行不一与态度变化的矛盾同样是一种无言的判断。不过一个是表现在两种不同的互相矛盾的态度表情上,而另一个则表现在自己的口头和实际行动的矛盾上。例如"当面恭维,背后捣鬼";说的一套,做的又是一套,言行并不同一,"出尔反尔""反复无常"属于这一类。

其他违反矛盾律的趣例如下:

① 契诃夫的小说《变色龙》,为我们提供了一个典型。金饰匠赫留金走在路上,被一只狗咬破了一个手指头。他捉住了这条狗,对路过的巡官奥楚蔑洛夫申诉说:"这得叫他们赔我一笔钱才成,因为我也许一个星期不能用这个手指啦……"起先,奥楚蔑洛夫完全同意赫留金的要求,他说:"嗯!……不错……我要拿点颜色给那些放出狗来到处乱跑的人看看!……等到他,哪个混蛋,受了罚,拿出钱来,他才知道放出这种狗来,放出这些野畜生来,会有什么下场!"他又说:"这狗呢,把它弄死好了。马上去办,别拖!这多半是条疯狗……"但是,他听到有人说"这好像是席加洛夫将军家的狗",马上就来了180度的大转弯,开口质问赫留金:"它怎么会咬着你的?难道它够得到你的手指头吗?它是那么小,你呢,说实在的,却长得这么魁梧!你的手指头一定是给小钉子弄破的,后来却异想天开,想得到一笔什么赔偿损失费了。"接着,又有人说:"不对,这不是将军家的狗……将军家里没有这样的狗,全是大猎狗……"巡官问:"你拿得准吗?"回答是:"拿得准,长官!"于是,巡官又来了180度的大转弯。他说:"我自己也知道嘛,将军家里都是名贵的、纯种的狗,这条狗呢,鬼才知道

是什么玩意儿！毛色既不好，模样又不中看，完全是个下贱胚子……你呢，赫留金，受了害，那我们绝不能不管……得惩戒他们一下！是时候了……"不料，将军家里的厨师来了，他说这只狗是将军的哥哥刚从外地带来的。巡官一听，又连忙改口说："把它带走吧……这小狗还不坏，怪伶俐的，一口就咬破这家伙的手指头！哈哈哈……"还转过头来恐吓赫留金："我早晚要收拾你！"

② 一天夜里，邻居偷了华盛顿家里一匹马。第二天一早，华盛顿同二位警官一起到邻居家去索讨。但是，不管华盛顿如何说明情况，他的邻居死不认账，口口声声称自己农场里的马都是他自己辛辛苦苦喂大的。这时，专来处理此事的警官问华盛顿："先生，请问您的马有什么特殊的地方？比如马的身体上有什么记号等等。"华盛顿没有回答，他在邻居家的农场里转了一圈，很快找到了自己家的马，他走到马的前面，迅速用双手捂住了马的双眼，问邻居："这匹马确实是你养大的吗？""当然，这绝对没有错。"邻居语气十分坚决。"好，那么请你告诉我，这匹马的哪一只眼睛是瞎的？"华盛顿说。"是右眼。"邻居支支吾吾地回答。华盛顿放开蒙住右眼的手，马的右眼并不瞎。"啊呀，我记错了，真不好意思，"邻居的脑筋非常灵活，连忙改口说，"马的左眼才是瞎的。"华盛顿又十分从容地放开蒙住左眼的手，结果一看，马的左眼也不瞎。"我又说错了……"邻居还想找理由狡辩。这时，站在一旁多时的警官说话了："是的，先生，您错了。事实已经证明这匹马不是您的，您必须把这匹马交还给华盛顿先生。"这位华盛顿先生就是后来成为美国第一任总统的乔治·华盛顿。

第三节 排中律

一、定义

在同一个思维过程中，两个互相矛盾的思想不能同假，必有一真。

公式：A 或者非 A；P∨P

二、排中律的逻辑要求

(1) 在同一个思维过程中，就同一对象而言，它或者是"A"，或者是"非 A"，二者必居其一。

(2) 在同一个思维过程中,对于同一对象所做的两个互相矛盾的判断,必须确认其中有一个是真的。例如:

毛泽东同志在《论人民民主专政》中运用了排中律批驳了两种模棱两不可的错误思想,一是所谓的"你们一边倒",二是所谓的"你们太刺激了":"'你们一边倒',正是这样……中国人不是倒向帝国主义一边,就是倒向社会主义一边,绝无例外,骑墙是不行的,第三条道路是没有的……""'你们太刺激了',我们讲的是对付国内外反动派即帝国主义及其走狗们,不是讲对付任何别的人……在武松看来,景阳冈上的老虎,刺激它也是那样,不刺激它也是那样,总之是要吃人的。或者把老虎打死,或者被老虎吃掉,二者必居其一。"

三、违反排中律的错误表现

(1)"王顾左右而言他",含糊其词避而不答。如《孟子》:"孟子谓齐宣王曰:'王之臣,有托其妻子于其友而之楚游者。比其反也,则冻馁其妻子,则如之何?'王曰:'弃之。'问:'士师不能治士,则如之何?'王曰:'已之。'曰:'四境之内不治,则如之何?'王顾左右而言他。"

(2) 不做明确选择,对两个矛盾判断表示"两可"。对肯定与否定的矛盾判断不做具体选择,实际上是貌似公正的骑墙态度。

如《吕氏春秋·淫辞》中记载的"唐鞅之对":"宋王谓其相唐鞅曰:'寡人所杀戮者众矣,而群臣愈不畏,其故何也?'唐鞅对曰:'王之所罪,尽不善者也。罪不善,善者故为不畏。王欲群臣畏也,不若无辨其善与不善而时罪之,若此则群臣畏矣。'居无几何,宋君杀唐鞅。唐鞅之对也,不若无对。"

我们这里所说的"两可"应与《邓析子》的"两可之论"有所区别。

《吕氏春秋·离谓》中记载:"洧水甚大,郑之富人有溺者,人得其尸者,富人请赎之。其人求金甚多,以告邓析。邓析曰:'安之,人必莫之卖矣。'得尸者患之,以告邓析。邓析又答之曰:'安之,此必无所更买矣。'"

(3) 同时否定两个互为矛盾的判断,表示"两不可",也就是既否定"是"又否定"非"的"无是非"的态度。

鲁迅曾批评这种持"无是非"之说的文人:"归根结蒂,掉进'无是非'说的深坑里,和自己以为'原非确论'的'彼亦一是非,此亦一是非'说成了'朋友'。"这种"无是非"说的言论有如下的例子:"人应有分明的是非,和热烈的好恶,这是不错的。文人应有分明的是非,和更热烈的好恶,这也是不错的。但天下的事物,并没有这么简单,除了是非之外,还有'似是而非'之'是'和'非中有是'之非,在这当口,我们的好恶,便有些为难了。"

其他违反排中律的趣例如下:

① 鲁迅在他的杂文《立论》中,为这种人画了像:我梦见自己正在小学校的讲堂上预备作文,向老师请教立论的方法。"难!"老师从眼镜圈外斜射出眼光来,看着我,说:"我告诉你一件事——一家人家生了一个男孩,合家高兴透顶了。满月的时候抱出来给客人看,大概自然是想得一点好兆头。一个说:'这孩子将来要发财的。'他于是得到一番感谢。一个说:'这孩子将来要做官的。'他于是收回几句恭维。一个说:'这孩子将来是要死的。'他于是得到一顿大家合力的痛打。说要死的必然,说富贵的说谎。但说谎的得好报,说必然的遭打。你……""我愿意既不谎人,也不遭打。那么,老师,我得怎么说呢?""那么,你得说:'啊呀!这孩子呵!您瞧!多么……阿唷!哈哈!Hehe! he, hehehehe!'"

② 一天,庄子和学生们走到一片树林之中,看见伐木人正在砍伐树木。师生们发现树林中有一棵树特别高大,枝叶茂盛,覆盖了一大片土地。可是伐木人将它旁边的树都砍倒了,唯独把它留下来了。庄子感到十分奇怪,就问伐木人:"你们为什么不砍这一棵?"伐木人说:"你们别看这棵树枝叶茂盛,但是它不成材,长得歪歪扭扭的,而且树疙瘩多,既不能做栋梁,也不能做板材,我伐了也没有用。"庄子听了十分感慨,转过身来对他的学生说:"你们看见了吧,那些树由于长得直,成了材,都被砍伐了,这棵大树由于不成材,反而不被人砍伐,能够享其天年。弟子们,你们千万要记住这件事。"弟子们齐声回答:"老师放心,我们记住了。"走出树林后,翻过一座山岗,看到前面有一户人家,师生们就前去投宿。主人看见大学问家庄子亲临,大喜过望,让出最好的房子给师生们休息,并特意宰一只肥鹅款待。宰鹅的时候,主人的儿子问:"宰哪一只鹅?"主人答道:"那还用问!当然宰那只不会叫的。养鹅是为了防盗护院,不会叫的鹅没有用处,不成材,留它干什么?"庄子听了,又有些感慨。他对学生们说:"处处留心皆学问!你们看到了吧,那些会叫的鹅,由于成材,因此被保留下来,这只鹅由于不会叫,不成材,所以被杀掉了。弟子们,你们一定要记住这件事。"弟子们答道:"老师说得有道理。我们记住了。"这时,一个爱思考的学生问庄子:"老师,我有一个问题。""说吧!"庄子教学倒是很民

主。"那棵大树由于不成材,反而枝叶茂盛,得以享天年,这只肥鹅却因为不成材而被宰杀;那些大树由于长得直,成了材,而被砍伐,这些鹅却因为会叫,成了材,却被保留了下来。那么对于我们做人来说,到底是应该成材,还是不该成材?""问得好!你们说说看。"庄子嘴上说问得好,心里却嘀咕:这么棘手的问题,怎么回答?不管怎样,学生的问题总得回答呀!否则多没面子。"这个——做人嘛,当然喽,首先,我不主张成材。你看那些树木,不都是由于成材而被砍伐的吗?但是,我也不主张不成材。不成材怎么可以呢?这只鹅不就是由于不成材而被宰了吗?""先生,我没有听清楚,我是想知道:人到底是成材还是不成材?""我是说呀,做人嘛,不要成材,也不要不成材。要在成材与不成材之间,找一个'既不是成材,又不是不成材'的地方。哈哈……哈哈……"

③ 狮子当上了百兽之王后,任命狗熊、猴子和兔子做它的大臣,一起在森林里巡游。后来,狮王跟它们一起待腻了,嫌它们碍手碍脚,就想找借口把它们吃掉。一天,狮王把这三个大臣召来,对它们说:"你们当我的大臣已经有不少日子了,今天我要检查一下,看看你们当了大官以后有没有腐败。"说完,狮子张开血盆大口,要狗熊说出它嘴里发出的是什么气味。狮子是食肉动物,它一张开嘴,一股臭不可闻的气味直扑狗熊的鼻子,狗熊皱了皱眉头,实事求是地说:"大王,您嘴里的气味实在不好闻。""什么!你竟敢当面羞辱本大王!"狮王暴跳如雷,"你犯了叛逆罪,犯叛逆罪的应该处以死刑。"说完,就扑到狗熊身上,把它咬死并吃掉了。接着,狮王又指着猴子问:"爱卿,你再说说我嘴里发出的是什么气味?"猴子目睹了狗熊的下场,心想逃命的唯一办法只有撒谎了,于是连忙回答说:"大王,您嘴里发出的气味很香,就跟上等香水一样好闻。""胡说八道!"狮子怒吼道,"你是个又会撒谎又会溜须拍马的家伙!我怎么没有早点看出来!我是专吃肉的,谁都知道我嘴里发出来的气味是臭的。怎么会是香的?凡是不诚实、会溜须拍马的大臣,都是祸根,绝对不能留下。"说完,又扑到猴子身上,把它撕得粉碎吃掉了。最后,狮王对兔子说:"爱卿啊,我嘴里发出的到底是什么气味呀?""实在抱歉得很,尊敬的大王!"兔子不慌不忙地说,"我非常愿意回答您的问题,但是,我最近感冒了,鼻子全都塞住了,什么气味都闻不出来。请大王恩准敝臣回家休息几日,等我感冒好了,鼻子管用了,再来回答您的问题。"狮王翻了翻白眼,想了半天,没招了,只好放兔子回家,不用说,兔子一离开狮王,就逃得无影

无踪。

第四节　充足理由律

一、定义

在同一个思维和论证过程中,一个思想被确定为真,总是有充足理由的。

公式:P 真,因为 Q 真,并且由 Q 能推出 P;

$$[Q \wedge (Q \rightarrow P)] \rightarrow P$$

二、充足理由律的逻辑要求

(1) 理由必须真实。

(2) 理由与推断之间要有逻辑联系。

三、违反充足理由律的错误表现

(1) 理由虚假。

(2) 推不出。

例如,鲁迅在为日本人内山完造《活中国的姿态》一书所写的序中有如下的议论:"一个旅行者走进了下野的有钱的大官的书斋,看见有许多很贵的砚石,便说中国是'文雅的国度'。一个观察者刚到上海来一下,买几种猥亵的书和图画,再去寻寻奇怪的观览物事,便说中国是'色情的国度'。连江苏、浙江方面,大吃竹笋的事,也算作色情心理表现的一个证据。然而广东和北京等处,因为竹少,所以并不怎么吃竹笋。倘到穷文人的家里或者寓里去,不但无所谓书斋,连砚石也不过用着两角钱一块的家伙。一看见这样的事,先前的结论就通不过去了,所以观察者就有些窘……"

又如,在我国古文名篇中有《登徒子好色赋》:"大夫登徒子侍于楚王,短宋玉曰:'玉为人体貌闲丽,口多微辞,又性好色。愿王勿与出入后宫。'王以登徒子之言问宋玉。玉曰:'体貌闲丽,所受于天也;口多微辞,所学于师也;至于好色,臣无有也。'王曰:'子不好色,亦有说乎?有说则止,无说则退。'玉曰:'天下之佳人莫若楚国,楚国之丽者,莫若臣里,臣里之美者莫若臣东家之子。东家之子,增之一分则太长,减之一分则太短;著粉则太白,施朱则太赤;眉如翠羽,肌如白雪,腰如束素,齿如含贝,嫣然一笑,惑阳城,迷下蔡。然此女登墙窥臣三年,至今未许也。登徒子则不然。其妻蓬头挛耳,龋唇历齿,旁行踽偻,又疥且痔。登徒子悦之,使有五子。王孰察之,谁为好色者矣?'"从宋玉巧舌如簧的话语中无法推出登徒子好色,也无法推出宋玉品行高尚的结论来。

第四章 推理与表达

第一节 推理概述

1. 推理的定义
依据已知为真的判断得到新的判断的思维形式。
2. 推理的组成
前提 | 结论
3. 推理的种类
按照前提和结论之间的逻辑关系,分为演绎推理和归纳推理;按照思维进程方向,分为演绎推理、归纳推理和类比推理。
4. 推理的有效性及其判定
从真的前提必然推出正确的结论,就是有效,否则就不是有效的。

第二节 直言判断的变形推理

1. 换质法

$$SAP \rightarrow SE\text{-}P \quad SEP \rightarrow SA\text{-}P$$
$$SIP \rightarrow SO\text{-}P \quad SOP \rightarrow SI\text{-}P$$

2. 换位法

$$SAP \rightarrow PIS(限制换位)$$
$$SEP \rightarrow PES(自由换位)$$
$$SIP \rightarrow PIS(自由换位)$$
$$SOP \rightarrow (不能换位)$$

例如:

① 外国有一则《狗和海螺》的寓言,说的就是狗吃鸡蛋的事:有一条狗偶尔吃了一只鸡蛋,感到味道鲜美,解渴又解饥,从此它就吃上瘾了。久而久之,它得出了经验,"噢,原来所有鸡蛋都是圆的。"它常为这个发现

而自鸣得意。有一次,它看见一个圆圆的海螺,以为是鸡蛋,高兴极了,急忙奔过去,叼起来,张大嘴巴,一口就把海螺吞了下去。不久,它就觉得肚子疼痛,非常难受,就嘀咕起来:"这只鸡蛋怎么和过去的鸡蛋不同呢?难道是一只坏鸡蛋?"这时,海螺在他的肚子里说:"你才是鸡蛋,我是海螺。你这个笨蛋!怎么不看看清楚,就把我吞进你的肚子里?这里面真闷啊!"狗一听,明白是怎么回事了:"坏了!以为鸡蛋是圆的,所以圆的就是鸡蛋,没想到这个圆的不是鸡蛋,是海螺啊!这怎么办呢?"海螺又从肚子里发出声音:"快放我出来!"说完狠狠地咬了一口。狗大叫一声:"哎哟!疼死我了,我是活该,相信所有圆的都是鸡蛋。"但是后悔已经来不及了。

② 一天,某公请了四位客人到饭馆吃饭,约好时间晚上六点钟。到了六点,已经来了三位客人,还有一位客人没有到,而且还是主客。"我们再等一会吧!"主人微笑着说。"好,好,我们等。"俗话说客随主便,三个客人点头说道。一直等到六点半,还不见那位客人的影子。主人急了,自言自语地说:"哎!该来的不来。"说完摇了摇头。说者无意,听者有心。客人中有一位心里感到不痛快,心想:"怎么,该来的不来?那就是说我是不该来的呀!我走吧。"于是找了一个借口,下楼走了。主人在楼上左等右等,那位主客还是没有来。不但那位没有来,还走掉了一位。主人心里更着急了,叹了口气说:"唉!又走了一位,真是,不该走的走了!"听到这话,另一位客人心里也嘀咕开了:"什么?不该走的走了,看来主人没有请我客的意思呀!不如走了算了。"于是悄悄地溜了。最后只剩下一个客人了。这位客人与主人是老朋友了。他对主人说:"老兄,你以后说话要注意,哪有你这么说话的呀!'该来的不来',那人家不就成了不该来的人?'不该走的走了',那人家还不走?以后可千万不要这么说了。"主人解释说:"大哥,我可没有说他俩呀!"这位老朋友一听就生气了:"噢!原来没有说他俩,说的是我呀!好好好,我也走吧!"说着,头也不回就走了。客人全部被气跑了,某公请客成了泡影。

第三节 三段论推理

1. 三段论概述

(1) 什么是三段论?

是由两个包含共同项的直言判断作为前提,推出一个新的直言判断的推理形式。

（2）三段论的结构。

① 三个项（大项 P、小项 S、中项 M）

② 三个命题（大前提、小前提、结论）

  MAP 大前提

  <u>SAM 小前提</u>

  SAP 结论

2. 三段论公理

凡对一类事物的全部都加以肯定，那么，也要对这类事物的部分加以肯定；凡对一类事物的全部都加以否定，那么，也要对这类事物的部分加以否定。

3. 三段论的一般规则

（1）有而且只能有三个项。

以下这些推理都是违反这条规则的：

① 物质是不灭的，钢铁是物质，所以，钢铁是不灭的。

② 干部来自五湖四海，小张是干部，所以，小张来自五湖四海。

③ 汞是有毒的，鱼含有汞，所以，鱼是有毒的。

（2）中项至少周延一次。

以下这些推理都是违反这条规则的：

① 鲁迅是文学家，郭沫若是文学家，所以，郭沫若是鲁迅。

② 有的妇女是中共党员，有的妇女是民主党派人士，所以，有的民主党派人士是中共党员。

（3）在前提中不周延的词项在结论中也不得周延。

大项不当周延，例如：

唐诗是古典文学，宋词不是唐诗，所以，宋词不是古典文学。

小项不当周延，例如：

语言是没有阶级性的，语言是社会现象，所以，社会现象是没有阶级性的。

（4）两个否定的前提不能推出结论。

如果前提中有一个是否定的，结论必须否定；如果结论是否定的，前提中一定有一个是否定的。

（5）两个特称的前提不能推出结论；如果前提中有一个是特称的，结论一定是特称的。

4. 三段论的格

由中项 M 在前提中所处的位置不同而决定三段论的不同形式。

M P	P M	M P	P M
S M	S M	M S	M S
S—P	S—P	S—P	S—P
（第一格）	（第二格）	（第三格）	（第四格）

第一格　规则：① 小前提肯定；② 大前提全称。

　　　　作用：完全格，审判格。

第二格　规则：① 有一个前提否定；② 大前提全称。

　　　　作用：区别格，反驳格。

例如,有两户人家都生了儿子,有一家的孩子死了,就将另一家的孩子偷偷地抱回自己的家。另一家发现后与这一家争吵得不可开交,于是告到官府。一个知县是这样断案的。他把惊堂木狠狠一拍,对两个妇女说:"你们不要吵了! 来人,把活着的孩子劈成两半,你们一人一半。"刀斧手举起冷冰冰的屠刀,对着幼小的孩子……"饶恕我吧,大人。把活着的孩子给她吧,可千万不要杀死孩子!"其中一个妇女连忙哀求道。第二个妇女却说:"劈就劈吧,孩子不属于我,你也休想得到!"于是知县大人就说:"不要杀死婴儿,把孩子给第一个妇女,她是婴儿的真正的母亲!"知县的思维过程运用了一个第二格的三段论:凡婴儿的亲生母亲是不忍心将婴儿劈成两半的,第二个妇女忍心将婴儿劈成两半,所以,第二个妇女不是婴儿的亲生母亲。第二个妇女不是婴儿的亲生母亲,那当然第一个妇女就是婴儿的亲生母亲。

另一个知县是这样断案的。他把惊堂木狠狠一拍,对两个妇女说:"你们不要吵了! 孩子归官府收养,谁也甭想得到!"说完就把她们轰出衙门。过了若干天,知县派人到两家传话:"孩子得流行病已死,快到衙门收尸。"孩子的亲生母亲哭喊着到衙门来了,而假母亲想:死了的孩子要他有什么用? 就不愿来领尸。其实,孩子没有死,亲生母亲高兴地领回了自己的孩子。这个知县也是使用了第二格的三段论:"凡真母亲会来领尸,她不来领尸,所以她不是真母亲。"

还有一个知县对两个妇女说:"你们两人一人拉住孩子的一条胳膊,谁把孩子抢到手,孩子就属于谁。"大堂上,两个妇女就动手拉了起来。孩子"哇"的一声哭了起来。其中一个妇女开始时还使劲,听到孩子哭喊后,就不使劲了。而另一个妇女则拿出吃奶的劲,眼看就要把孩子抢到手了。这时,知县大叫一声"停!"然后平静地说:"我现在知道孩子的真正母亲是谁了。"他用手指了指那个不使劲的妇女说:"她是真正的母亲。"另一个妇女不服:"不是说谁抢到孩子就属于谁吗?"知县说:"凡亲生母亲都怕拉伤自己的孩子,你不怕拉伤孩子,所以你不是亲生母亲。"这位知县把三段论的第二格运用得如鱼得水。

  第三格 规则:① 小前提肯定;② 结论特称。
      作用:例证格,反驳格。
  第四格 规则:① 如果大前提肯定,小前提全称;② 如果小前提肯定,结论特称;③ 如果有一个前提否定,大前提全称;④ 任何前提都不能是特称否定的;⑤ 结论不能是全称肯定判断。

第四节　联言推理

1. 分解式

p 并且 q p 并且 q
∴ p   ∴ q

2. 合成式

  p
  q
─────
∴ p 并且 q

  联言推理的分解式的要义是对联言前提中的某一被忽视的联言肢在结论中加以强调。例如,建设中国特色社会主义必须既要抓物质文明,又要抓精神文明,所以,我们必须抓物质文明(精神文明)。这种推理往往体现了由总到分的思维进程。

  而联言推理的合成式则相反,先确定一个个联言肢为真,最后再推出一个联言判断做结论。例如:毛主席在《中国革命战争的战略问题》一文中先断定了"中国政治经济发展不平衡","中国是一个半殖民地国家","中国是一个大国","中国是经过了一次大革命的"等肢命题的真实存在,最后得出结论:"所以我们说,中国是一个经过了一次革命的、政治经济发展不平衡的、半殖民地的大国。"①

第五节　相容选言推理

```
p 或者 q        p 或者 q
    p           非 p
    ?          ∴ q


p 或者 q        p 或者 q
    q           非 q
    ?          ∴ p
```

规则：否定一个肢命题，就要肯定另一个肢命题；肯定一个肢命题，就不能否定另一个肢命题。例如：

① 1972年和1974年考古学家先后两次在长沙市东郊4公里的马王堆进行发掘，发掘出三座西汉前期的墓。三座墓中以一号墓的规模最大，椁室用整块的厚木板构成，中央放置装饰华丽的四层套棺。专家们对一号汉墓的女尸进行了详细研究。研究的课题之一：她是什么原因死的？汉墓主人死了已经二千一百多年，她的死因还能查出来吗？墓主人或者自然老死，或者为暴力致死，或者病死；墓主人不是自然老死，不是为暴力致死；所以，墓主人是病死。墓主人或者因慢性病而死，或者因急性病而死，或者因慢性病急性发作而死；墓主人不是因慢性病而死，所以，墓主人是因急性病或慢性病急性发作而死。这是正确的推理，表达正确。

② 《世说新语》记载这样一件事：东晋征西大将军桓温奉命伐蜀，途经三峡的时候，看到陡峭的山壁直插蓝天，奔腾的江水浪高流急，便叹息道："唉！既然做了忠臣，就不能做孝子了！"桓温的这段议论用的是选言推理。它的完整过程是这样的：一个人或者做忠臣，或者做孝子；现在我做了忠臣，所以，我不能做孝子了。这是错误的推理，表达不正确。

---

① 《毛泽东选集》(第一卷)，人民出版社，1968年，第172—173页。

第六节　不相容选言推理

要么 p,要么 q　　要么 p,要么 q
　p　　　　　　　　非　p
∴非 q　　　　　　∴ q

要么 p,要么 q　　要么 p,要么 q
　q　　　　　　　　非　q
∴非 p　　　　　　∴ p

规则:否定一个肢命题,就要肯定另一个肢命题;肯定一个肢命题,就要否定另一个肢命题。

第七节　充分条件假言推理

如果 p,那么 q　　如果 p,那么 q
　p　　　　　　　　非　q
∴ q　　　　　　　∴ 非 p

如果 p,那么 q　　如果 p,那么 q
　非 p　　　　　　　q
　?　　　　　　　　?

规则:肯定前件,肯定后件;否定后件,否定前件;否定前件,不能否定或肯定后件;肯定后件,不能肯定或否定前件。例如:

① 据《世说新语》记载,孔融十岁时随父到了京城洛阳。当时朝廷的司隶校尉是大名士李膺,孔融就去拜访他。到了李膺的家门口,看门的不让他进。孔融灵机一动,对看门的说:"我是李大人的亲戚。"看门的就让他进去了。李膺见到孔融就问:"你说你是我的亲戚,我与你有什么亲?"孔融从容不迫地说:"我的先人孔子曾经向您的先人老子请教过礼仪之事,所以,我们孔、李两家当然有亲。"孔融这样说,非常有趣。当时在座的客人都对这十岁孩子的回答感到惊奇。后来又来了一个客人陈韪,他听了这件事后,不以为然。他说:"这有什么了不起! 小时候聪明,长大了就

不怎么样了。"小小孔融当然明白陈韪的意思,这是对自己的轻视和否定,于是就来个反唇相讥:"我猜想您小时候必定是很聪明的。"在座的客人哄堂大笑,陈韪十分尴尬。

②王戎是西晋的"竹林七贤"之一。他小时候就异常聪明。他7岁的时候,和一些小朋友在外面玩耍,看见大路旁边一棵李树上挂满了已经成熟的李子。李子又大又圆,小朋友们争先恐后地爬上树去摘,唯独王戎站着不动。有个大人感到奇怪,问他:"王戎,你为什么不去摘?"王戎回答说:"像这种在大路旁边还没有被人摘去的李子,一定是不好吃的。"小朋友们摘来一尝,又苦又涩,根本无法咽下。大家非常佩服王戎的智慧。王戎为什么说树上的李子不好吃呢?因为他运用了一个否定后件式的充分条件假言推理:如果大路旁边李子树上的李子好吃,那么就会被人摘去;大路旁边这棵李子树上的李子没有被人摘去,所以,这棵李子树上的李子一定不好吃。

这个推理是从否定后件到否定前件,毫无疑问是正确的。

而这样的推理就很有问题:假如潘金莲不开窗户,就不会遇见西门庆;不遇西门庆,就不会出轨;不出轨,武松就不会逼上梁山。武松不上梁山,方腊就不会被擒;方腊不被擒,就可灭大宋江山;没有了大宋江山,就不会有靖康耻;金兵就不会入关,就不会有大清朝;没有大清朝,中国就不会闭关锁国、不会有鸦片战争和八国联军入侵。那么,中国,将是世界上唯一的超级大国!美国等其他诸侯神马的都是浮云!

第八节　必要条件假言推理

只有p,才q　　　　只有p,才q
　　非P　　　　　　　q
∴非q　　　　　　∴p

只有p,才q　　　　只有p,才q
　　p　　　　　　　非q
　　?　　　　　　　?

规则:否定前件,否定后件,肯定后件,肯定前件;否定后件,不能否定或肯定前件,肯定前件,不能肯定或否定后件。例如:

沈括在《梦溪笔谈》里讲述了一个破案的故事：张升在润州时，有人向官府报告：当地一妇女的丈夫失踪了。过了几天，突然听说这家的菜园井中有死人，但不知是谁。张升立刻带人前往菜园察看，只见那妇女坐在井边号啕大哭，并说道："井里的人就是我丈夫。"张升感到十分奇怪。派人找来当地官吏和邻居，问他们："井中的死人是不是这个妇女的丈夫？"大家异口同声地说："禀告大人，这口井深不见底，看不清尸体，无法辨认，只有把尸体打捞上来方可辨认。"张升听了大家的回答，转过身来，对妇女说："大家都无法辨认井里的死者是谁，为什么唯独你这么清楚地知道井里死者是你的丈夫？你肯定参与了此事。"说完就吩咐刑吏将她押回衙门审问。果然不出所料，这个妇女行为不轨，与人通奸被其夫发现，于是就与奸夫合谋，将其夫勒死抛入井中。当地百姓都称赞张升慧眼识奸。

张升是怎样断定那位妇女有罪的呢？张升根据事实，运用了一个必要条件假言推理：只有参与作案的人，才知道深井中的死者是谁；这位妇女知道深井中的死者是谁，所以，这位妇女参与了此案。

第九节　复合命题的负命题及其等值命题

1. 联言命题的负命题及其等值命题

　　　　　　并非(p 并且 q)＝非 p 或者非 q

例如：并非小王德才兼备＝小王或者无才或者无德。

2. 相容选言命题的负命题及其等值命题

　　　　　　并非(或者 p 或者 q)＝既非 p 也非 q

例如：并非这部文学作品或者政治上有问题或者艺术上有问题＝这部文学作品政治上没有问题并且艺术上也没有问题。

3. 不相容选言命题的负命题及其等值命题

　　　　　并非(要么 p，要么 q)＝(既 p 又 q)或者(既非 p 又非 q)

例如：并非小张要么是男的要么是女的＝小张既是男的又是女的，或者小张既不是男的也不是女的。

4. 充分条件假言命题的负命题及其等值命题

　　　　　　并非(如果 p，那么 q)＝p 并且非 q

例如：并非如果患肺炎就发烧＝患肺炎而不发烧。

5. 必要条件假言命题的负命题及其等值命题

並非(只有 p,才 q)＝非 p 并且 q

例如:并非只有学习好才能被评为三好学生＝学习不好却被评为三好学生。

6. 负命题的负命题及其等值命题

並非非 p＝p

例如:并非你说的是假话＝你说的是真话。

第十节 二难推理

1. 简单式(结论为简单命题)

构成式　如果 p,那么 q
　　　　如果非 p,那么 q
　　　　或者 p,或者非 p
　　　　∴ q

破坏式　如果 p,那么 q
　　　　如果 p,那么 r
　　　　或者非 q,或者非 r
　　　　∴ 非 p

2. 复合式(结论为复合命题)

构成式　如果 p,那么 q
　　　　如果 r,那么 s
　　　　或者 p,或者 r
　　　　∴ 或者 q,或者 s

破坏式　如果 p,那么 q
　　　　如果 r,那么 s
　　　　或者非 q,或者非 s
　　　　∴ 或者非 p,或者非 r

二难推理表达趣例如下:

①《战国策·魏策》记载了这样一件事:有一天,魏文侯与大夫田子方一起饮酒,其间魏文侯谈起了音乐。魏文侯的评论,滔滔不绝,对音乐

十分内行。田子方一边听一边暗暗发笑。魏文侯发现不对头,停了下来,问:"你为什么要笑我?"田子方行了礼,说:"我听说,如果国君贤明,那么,便乐于办理政务;如果国君不贤明,那么,便乐于搞音乐之类的东西。现在您对音乐很在行,我恐怕您对于政务就会不管了。"魏文侯听了,连忙说:"你说得对,使我受到了教育,我一定虚心接受。"田子方的说理中运用了两个充分条件假言推理:

其一是,如果国君不贤明,那么便乐于搞音乐之类的东西;现在您对音乐很在行;所以,您不贤明。

其二是,如果国君贤明,那么,便乐于办理政务,国君您不贤明(前一推理的结论),所以,国君您对于政务就会不管了。田子方的推理正确吗?

② 芮良夫自从向厉王进谏后,日子很不好过。厉王的不信任,荣夷公的谗言和陷害,其他同僚的疏远,卫巫的监视,使他忧心忡忡。他长叹一声,自言自语地说:"我现在只有两条路可走,一条是进,即继续当官,一条是退而务农。当官有什么好处? 只是增添了无穷的苦恼和忧愁,还不如退而务农,尽其筋力,自得其乐。"过了一会,他又说:"务农也不行呀!大王行苛政,天下征役不息,加上病虫作怪,到处都是灾荒,收不到粮食,何以为生呢?"如果进而为官,则"忧",如果退而务农,则"荒",或者进而为官,或者退而务农,所以,或者"忧",或者"荒"。

③ 古代希腊唯物主义者伊壁鸠鲁认为上帝并不干涉人的生活,他写道:"很多人认为上帝是全知全能全善的。如果上帝是全能的,则能扑灭世界上的邪恶;如果上帝是全善的,则肯定愿意消除世界上的邪恶。这样世界上就应该没有邪恶,可是,现在世界上存在着很多邪恶;这说明上帝不能扑灭世界上的邪恶,或者不愿意消除世界上的邪恶。更说明上帝或者不是全能的,或者不是全善的。"我们将这段话稍加简化,就可以得到如下一个二难推理:如果上帝是全能的,他就能扑灭世界上的邪恶;如果上帝是全善的,他就愿意消除世界上的邪恶;上帝或者没有扑灭世界上的邪恶,或者不愿意消除世界上的邪恶;所以,上帝或者不是全能的,或者不是全善的。

④ 美国总统里根在任期间,他的政府背着国会秘密与伊朗进行了武器交易。这在美国是严重的违法事件。1986年经媒体曝光后,全国哗然。抗议、声讨铺天盖地。人们把它称为"水门事件"之后的最大丑闻——伊朗门事件。里根为了洗刷自己,采取丢卒保车、丢车保帅的方

法,先后抛出几个替罪羊。但是媒体仍然穷追不放。在一次记者招待会上,一名聪明的记者抓住机会向里根发问:"里根先生,您作为总统,是否事先知道伊朗门事件?""我……"里根的脸红一阵白一阵,半天也说不出话来。里根遇到了高手,这一招他招架不了。因为在记者的话中隐含一个二难推理:如果里根总统事先知道伊朗门事件,那么,总统本人是严重违法的,必须受到法律追究;如果里根总统事先不知道伊朗门事件,那么,里根总统是严重失职的,因为他竟不知道部下在干什么,这样的总统是不能信任的;里根总统或者事先知道伊朗门事件,或者事先不知道伊朗门事件;总之,里根总统或者干了严重违法的事,或者严重失职。

⑤ 希腊有个国王,想把一批囚徒处死。当时流行的处死方式有两种:一种是砍头,一种是绞刑。"本王对你们宽宏大量,"国王用眼睛扫了一下站在自己面前的囚徒说,"我要让你们自己来选择死的方式。选择的方法是这样的:你们每个人必须当着我的面说出一句话,说什么都可以。如果说的是真话,就处绞刑;如果说的是假话,就砍头。听明白没有?"囚徒们沉默不语。对他们来说,砍头、绞刑都是死,有什么好选择的?倒是国王手下的大臣觉得很有趣。"陛下英明!"一个大臣奉承道。"陛下仁慈!"另几个大臣也不甘示弱。"陛下太幽默了! 不过,如果有的囚徒不说话,怎么办? 有的囚徒说的话无法辨别其真假,怎么办?"一个年长的大臣说。"混账! 这还不好办? 不说话的按说真话的处理,无法辨别其真假的话按说假话的处理。"国王大声说道。在这些囚徒中,有一个非常聪明的人。当轮到他来选择处死方式时,他从容不迫地站在国王面前说:"我会被你们砍头的。"如果将他砍头,那么就违背国王原来的决定;如果将他绞死,那么也违背国王原来的决定;或者将他砍头,或者将他绞死,总之,都要违背国王原来的决定。

⑥ 元朝的姚燧,写过一首散曲《越调·凭阑人·寄征衣》,描写妻子给丈夫寄征衣时的心理活动。原文是这样的:"欲寄君衣君不还,不寄君衣君又寒,寄与不寄间,妾身千万难。"

⑦ 张养浩是元代的著名词曲作家。天历二年(公元 1329 年),关中大旱,饥民相食。张养浩路经潼关,目睹百姓的苦难,心情沉痛地写了《中吕·山坡羊·潼关怀古》这首小令:"峰峦如聚,波涛如怒。山河表里潼关路。望西都,意踌躇。伤心秦汉经行处,宫阙万间都做了土。兴,百姓苦;亡,百姓苦。"

第十一节　反三段论

反三段论推理实质上是充分条件假言推理的否定后件式结合联言命题的负命题推理,再使用相容选言命题推理综合构成而形成的一种复杂推理形式。

　　如果(p 并且 q),那么 r
∴ 如果(非 r 并且 p),那么非 q

　　如果(p 并且 q),那么 r
∴ 如果(非 r 并且 q),那么非 p

第五章 预设与表达

第一节 预设概述

一、什么是预设

人们在交际过程中,总有一些双方共同接受的事实或命题,这交际双方共同接受的事实或命题,就是预设。

人们的交际过程总表现为一定的语句,一个语句,不论是直接语句、疑问语句还是命令语句,等等,总会对一定的语境做出一定的假设,从而完成一个言语行为。例如:

① a. 张二国明白李丽说了不该说的话。

在这个语句里,就预设了"李丽说了不该说的话"为真。正是因为这一点,我们说这个语句预设了如下事实:

b. 李丽说了不该说的话。

预设不同于一般意义上的假说,它必须是交际过程中双方共同接受的命题。

例如:

② a. 萨姆知道维克多驾车娴熟。预设

b. 维克多驾车娴熟。

③ a. 萨姆不知道维克多驾车娴熟。预设

b. 维克多驾车娴熟。

尽管②和③两个语句一个肯定,一个否定,但它们都有共同的预设,即②b 和③b。

预设是保证语句有意义、可理解的先决条件。例如:

④ 张明的电脑是液晶显示屏的。(直陈句)

⑤ 浏阳河弯过了几道弯?(疑问句)

⑥ 请把书捡起来!(祈使句)

⑦ 九寨沟简直太美了！（感叹句）

例④的预设是"张明有电脑"，例⑤的预设是"浏阳河有弯"，例⑥的预设是"书掉在地上"，例⑦的预设是"有一个地方叫九寨沟"。

一般说来，预设具有如下特征：

> 首先，就其表现形式来说，预设是没有明确直接地表达出来的语句，它总是蕴藏在现在语句的内层……预设是一种蕴藏于内的"隐前提"。
>
> 其次，就成功的交际来说，预设总是表现为双方都可理解，都可接受的那种背景知识。
>
> 再次，从真假情形上来考虑，预设为真是确保"显前提"具有逻辑真值的必要条件，也是保证语句推论获得真结论的必要条件。具体来说，如果预设为假，则"显前提"没有逻辑真值，即这个"显前提"既不能取真值，也不能取假值，而只能取"无意义"的值。
>
> 第四，从预设与它所依附的语句这两者之间的相互关系上看，由于在语言交流过程中的预设总是表现为交际双方共同的知识背景，因而在正常情况下，交际双方所使用的语句尽管形式上很不相同，但它们预设的语句往往是相同的。①

有时，互为矛盾的两个句子也含有共同的预设：

⑧ 张明是唯一的候选人。

⑨ 张明不是唯一的候选人。

例⑧与例⑨虽然互相矛盾，但它们都有共同的预设：

张明是候选人。

根据以上的分析，我们可以总结出预设的性质：

语句 S 预设 S'，当且仅当，如果 S 是真的，则 S' 是真的；如果 S 是假的，则 S' 仍然是真的。也就是说 S 的真或假都预设 S'，S' 是 S 与 -S 的必要条件。

---

① 周礼全：《逻辑——正确思维和成功交际的理论》，人民出版社，1994 年，第 175—176 页。

在具体的语言的交际过程中,还常常会出现这样的情况,一个自身是预设的句子又预设另外的预设,这种预设通常被称为多重预设。例如:

⑩ a. 很少的人已停止了打老婆。

b. 有些人已停止打老婆。

c. 有些人打过老婆。

⑩a 预设着⑩b,⑩b 又预设着⑩c,⑩a 也就间接地预设了⑩c。这就表明,至少在这样的情况下,预设关系是可以传递的:如果 S 预设 S′,并且 S′预设着 S″,那么,S 便预设 S″。我们把上例中的⑩b 称作⑩a 的首重预设,⑩c 称作⑩b 的二重预设。

二、预设的种类

预设的定义可以从语义方面来加以定义,也可以从语用方面来加以定义,从而可以分为语义预设和语用预设。

(一) 语义预设

语义预设是使一个语句具有真值意义的必要条件。自然语言逻辑学家们提出了几种不同的语义预设的表述,但这几种表述并没有什么实质上的不同。具有代表性的语义预设可以表述为:

语句 S 预设语句 S′(或语句 S′是语句 S 的预设),当且仅当:

(1) $S \rightarrow S'$,并且

(2) $-S \rightarrow S'$。这里的"→"是蕴涵的意思。

这也就是在前述预设的性质中所讲的内容。这种预设,是建立在交际双方共同接受的某个事实或命题为真的基础上的,它是以预设必真为前提的。根据预设的性质,可以证明如下:

① $(S \rightarrow S') \wedge (-S \rightarrow S')$ 语义预设定义

② $(S \rightarrow S') \wedge (-S \rightarrow S') \rightarrow (S \vee -S \rightarrow S')$(命题逻辑)

③ $(S \vee -S) \rightarrow S'$(①②命题逻辑)

④ $S \vee -S$(命题逻辑)

⑤ S'(③,④命题逻辑)

这种建立在真假或真假值这些语义概念基础之上的预设,叫语义预设,也叫真值预设、逻辑预设。

从真假或真假值这些语义概念的角度来看,在一个语句 S 中,如果 S 预设 S′,那么需要具备如下条件:

(1) -S 是 S 的否定;

(2) 要么 S 真-S 假,要么-S 真 S 假;

(3) S 和-S 之中必有一真,必有一假。

但是,有时候有些语句的真假无法确定。例如:法国国王是秃顶的。

这是一个哲学家们曾多次讨论的例句。有的哲学家认为,该语句既断言"法国有一位国王",又断言"法国国王是秃顶的",因而如果实际上不存在法国国王,则这个语句必然是假的。也有的哲学家认为,这里不是断言"法国国王"是否实际存在,而是仅以它的存在为预设。如果"法国国王"不存在,则预设不成立,但语句不一定假,可能会成为一个既不真也不假的语句,从而使该语句的真值出现"真值空缺"。

如果一个语句的预设不存在,从而使得该语句无意义,它的真值为零。例如:

① a. 玉皇大帝是全能的。

b. 玉皇大帝不是全能的。

例①a 和例①b 虽然也是互相否定,但它们之间不是具有"一真一假"的特征,它预设了"玉皇大帝"的存在,而事实上"玉皇大帝"是根本不存在的。所以该句子无意义,它们的真值为零。

语义预设一般又含有三种预设:(1) 存在预设;(2) 事实预设;(3) 种类预设。

1. 存在预设

存在预设是指交际者在特定语境中所预先设定的都是某些个别的具体的事实的情形,这种预设一般预设所讨论的对象的存在。例如:

① a. 井冈山的毛竹绿了。　　预设

b. 井冈山上有毛竹。

② a. 南京大学是很有名的。　　预设

b. 有一所大学叫南京大学。

由于存在预设一般都预设所讨论的对象的存在,所以存在预设在自然语言的交际中是十分常见的。又如:

③ a. 张华的电脑坏了。　　预设

b. 张华有电脑。

④ a. 张市长的车号是苏 Q00018。　　预设

b. 张市长有汽车。

2. 事实预设

事实预设也被称作事实存在预设或存在预设,是指一个语句得以成立所必须出现的实际情况的先决条件。这类语句往往包含表达人对某事的感情、反应等动词,如某人对某事(或某事使人)"遗憾""奇怪""吃惊""高兴""不理解"或一事对某事的关系等,都预设某事实存在。只有在某种情况下,才有可能说这样的话。

① a. 令李丽吃惊的是郁士高有一幅董其昌的真迹(绘画)。　预设
　 b. 郁士高有一幅董其昌的真迹(绘画)。
② a. 王非对罗蓉的绝顶聪明感到十分高兴。　预设
　 b. 罗蓉是绝顶聪明的。
③ a. 老王对儿子的顽皮感到不可思议。　预设
　 b. (老王的)儿子是顽皮的。

3. 种类预设

种类预设是指某一对象具有谓项所表明的属性是属于哪类事物类别的先决条件,也即指所陈述、讨论的对象属于某种可断定类的预设。

① a. 张帆能进行批判性思维。　预设
　 b. 张帆能思维,即张帆属于能思维者类。
② a. 天津鸭梨非常可口宜人。　预设
　 b. 天津鸭梨属于食物一类。

种类预设说明,谓词定义的域就是对断定这个谓词具有意义的所有个体的集合。如果所讨论的对象超出谓语所断定的域,不属于谓语所断定的类,预设便不成立,因而不具有意义,其真值也就为零。例如:

③ 玄武湖是聪明的。
④ 黄山会说一口流利的普通话。
⑤ 寒山寺翻译了《批判性思维和逻辑》《实际论证的逻辑》等非形式逻辑和批判性思维的著作。

由于例③使用了谓词"聪明的",就应当预设它的主词是某种具有心灵的东西,而事实上"玄武湖"作为主词正处于谓词的定义域之外。例④使用了谓词"说一口流利的普通话",就应当预设它的主词是某种具有语言能力的事物,而事实上"黄山"是一座风景绮丽的大山,作为主词,它也处于谓词的定义域之外。例⑤使用了谓词"翻译著作",就应当预设它的主词是某种具有思想或能力的事物。而事实上"寒山寺"只是一个庙宇,

不具有"翻译著作"的属性,作为主词,它也同样处于谓词的定义域之外。因此,例句③④⑤的预设皆不能成立,没有意义,它们的真值都为零。

(二) 语用预设

语用预设是关于言语活动的预设或命题态度的预设。

逻辑学家斯塔纳克(R. C. Stalnaker)在1974年提出了他自己的关于语用预设的定义:一个命题B是说话者在某一语境中的语用预设,当且仅当说话者假定或相信B,假定或相信他的听话者假定或相信B,并且假定或相信他的听话者认识到他有这些假定或相信。

我国著名的逻辑学家周礼全先生结合语用预设规则,提出了他的关于语用预设的定义:预设规则。

在交际语境C中,说话者S对听话者H说出一句话语时,S相信语词、短语或子句B所指的事物或事态存在并且相信H也相信B所指谓的事物或事态存在,如果

(1) B是直陈话语中的专名、摹状词、量化名词(或名词短语)或非重音部分(即非重音的语词、短语或子句),或B是由直陈话语推出的话语中的专名、摹状词、量化名词(或名词短语)或非重音部分,或B是疑问话语或命令话语加上真诚准则推出的语句中的抽象语句。并且

(2) S相信B所指谓的事物或事态存在并且相信H也相信B所指谓的事物或事态存在,不同S说出的话语、S遵守的合作准则或S相信的交际语境C中的因素C_1、C_2、C_3、…、C_n相矛盾。

预设定义:

在交际语境C中,说话者S对听话者H说出一句话语时,S预设语词、短语或子句B所指谓的对象或事态存在,当且仅当:

(1) 根据预设规则,S相信B所指谓的事物或事态存在并且相信H也相信B所指谓的事物或事态存在。

(2) S相信H知道(1)。

根据以上分析,我们把语用预设分为四类,即直陈话语预设、疑问话语预设、命令话语预设和感叹话语预设。

1. 直接话语预设

如果一个直陈话语中包含专名、摹状词、量化名词或名词短语以及非重音的语词、短语或子句,那么该直陈话语即为直陈话语预设。例如:

① a. 世界第一高峰也就成了登山队员们梦寐以求的最终目标。预设

b. "世界第一高峰"为真。

② a. 尼克松伪称每个人都知道他是一个不诚实的总统。　预设

　　b. "尼克松"为真

　　c. 他(尼克松)是一个不诚实的总统。

③ a. 如果人性善,那么世界就太美好了。　预设

　　b. "人"为真。

　　c. "世界"为真。

2. 疑问话语预设

指包含选择疑问话语、是否疑问话语和特指疑问话语的句子体现了一定的命题态度的预设。

(1) 选择疑问话语的预设

① a. 这次当选的是张三、李四还是王五?　预设

　　b. 这次当选的或者是张三,或者是李四,或者是王五。

② a. 小张和小王谁是冠军?　预设

　　b. 冠军或者是小张,或者是小王。

(2) 是否疑问话语的预设

③ a. 有人能不劳而获吗?　预设

　　b. 有人能不劳而获或者没有人能不劳而获。　再预设

　　c. 人是存在的。

④ a. 泰山秀丽吗?　预设

　　b. 泰山秀丽或者泰山不秀丽。

　　c. 泰山是存在的。

⑤ a. 逻辑学有用吗?　预设

　　b. 逻辑学有用或者逻辑学无用。

　　c. 逻辑学是存在的。

(3) 特指疑问话语的预设

⑥ a. 谁是唐代最伟大的浪漫主义诗人?　预设

　　b. 唐代有最伟大的浪漫主义诗人。

　　c. 唐代是存在的。

　　d. 浪漫主义诗人是存在的。

　　e. 谁(什么人)是存在的。

⑦ a. 谁是最可爱的人?　预设

b. 有最可爱的人存在。

　　c. 谁(人)是存在的。

3. 命令话语预设

命令话语既包含一定的言语行动,又包含一定的命题态度,预设的情况也比较复杂。

　① a. 请别说话。　预设

　　b. (您、你或你们)在说话。

　② a. 请把门关上。　预设

　　b. 门开着。

　③ a. 请把汽车擦洗干净。　预设

　　b. 汽车没擦洗。

4. 感叹话语的预设

　① a. 多美啊,满山杜鹃的韶山!　预设

　　b. 有一座山叫韶山。

　② a. 多高啊,那耸入云霄的泰山!　预设

　　b. 有一座山叫泰山。

　③ a. 多长啊,滚滚东逝的长江!　预设

　　b. 有一条河叫长江。

语用预设的实现需要满足一定的语境条件,这是语用预设能被交际者所理解的必要前提。这些条件包括交际双方(或多方)的性别、年龄、身份、关系、背景等客观情况。这些条件得到满足,就有望使交际双方所理解的言语活动在一定语境中得到实现。例如:

① 臣妾敢不尽心尽力焉耳!

该句表明这一言语活动预设交际者(说话者)为封建社会的女性,她在向君王说话。

② 您老安心养病。

预设对方是长辈或地位受人尊敬的人,身体不太健康;而说话者则是晚辈或青年人,是来探望病人的,等等。

在一定的语境中,交际者之间产生的所有预设构成一个可能世界的集合,并且这一集合同所有的预设(在可能世界中)有着逻辑上的一致性。如果是一个疑问话语,那就需要明确同预设相一致的可能世界中哪一个是现实世界。如果是祈使话语,那就期望同预设相一致的某一可能世界

得以变成现实世界。如果是一次演讲,那就要把现实世界在可能世界集合中所处的地位,确切地告诉听众。可以这样说,语用预设对于确定语境的氛围,具有十分重要的作用。

由语用预设所构成的一切可能世界,并不一定要求是现实世界,即并不一定要求是真的。如《镜花缘》中的小人国,《西游记》中的天宫,小说创作等就预设了一系列并非真实的虚拟的命题,这就是语用预设所构成的可能世界。即使不是文学创作,即使是现实生活,语用预设也不要求一定为真。例如在美国总统竞选开始时,有人会做出如下预测:

③ 总统是希拉里,还是布什?

它预设了"总统或者是希拉里或者是布什"。即使在总统选举揭晓,既不是希拉里也不是布什也不要紧,这对预设并无妨碍。时间、地点等条件是语用的重要内容,作为可能世界,上述预设是恰当的。

第二节　预设的析出与应用

一、预设的析出

预设是交际双方(或多方)共同接受的事实或命题,在语言上并不呈现出现实的、显性的特征,而需要我们运用一定的方法或手段找出一定话语的预设,这就是预设的析出。

(1) 含有"知道""认识到""相信""意识到""认为""后悔""希望""企图"等心理活动的动词的句子,往往含有预设。

① a. 凯丽知道张悦是一个著名的画家。　预设

　　b. 张悦是一个著名的画家。

② a. 王凯认识到自己(又)碰上了好人。　预设

　　b. 王凯碰上了好人。

③ a. 李丽后悔自己打了那个电话。　预设

　　b. 李丽打了那个电话。

④ a. 我真希望昨天没有去报名。　预设

　　b. 我昨天去报了名。

这类动词又可以分为两类,一类是"知道""认识到""意识到""后悔"等动词后面所连接的"主谓结构""动宾结构"宾语,不论是肯定的还是否

定的都可以含有预设，而"希望""企图"等动词则须连接"否定"的宾语。如：

⑤ a. 丁一企图否认自己的无知。　预设
　　b. 丁一无知。

⑥ a. 我真希望不曾认识这样的人。　预设
　　b. 我认识这样的人。

由上可以看出，含有"希望""企图"等动词连接的宾语的句子的预设，正好与其所连接的宾语子句意思相反。

（2）含有"伪称""假装""请求""询问""申请"等动词连接的"主谓结构""动宾结构"宾语，往往含有预设。例如：

① a. 尼克松伪称每个人都知道他是个不诚实的总统。　预设
　　b. 每个人都不知道他（尼克松）是个不诚实的总统。　预设
　　c. 他（尼克松）是个不诚实的总统。

② a. 欧文假装自己生了大病。　预设
　　b. 欧文没有生大病。

③ a. 黄文请求采取措施关起苏大朋。　预设
　　b. 没有采取措施关起苏大朋。

④ a. 李欣询问张安是否到了南京。　预设
　　b. 张安到了南京或者张安没有到南京。

（3）含有专名、摹状词、量化名词或名词短语以及非重音的语词、短语或子句的，往往含有预设。

① a. 布莱尔是英国的现任首相。　预设
　　b. 存在"布莱尔"其人（专名预设）。
　　c. "英国的现任首相"存在（摹状词预设）。

② a. 并非凯卜勒死于贫困。　预设
　　b. "凯卜勒"为真。

如果"死于贫困"是非重音部分，则 a 也预设
　　c. "死于贫困"为真。

③ a. 这个奇迹是外星人或上帝创造的。
　　在该句中，不论重音在哪一个语词或短语上，它都预设
　　b. 这奇迹（摹状词）。
　　c. 上帝（专名）。

d. 外星人（名词短语）。

（4）某些词语，诸如"停止""又""也""更"等能够表示两相比较的词语，被比较的成分往往是预设的成分。例如：

① a. 张三停止打老婆了。

由该句话语，必然可以推出"张三曾经（过去一直）打老婆但现在不打老婆了"，使得以是否打老婆为时间界点，形成前后比较，而"张三曾经（过去一直）打老婆"为被比较的成分，因此①a 预设

b. 张三过去（一直）打老婆。

此外，该句中还包含专名"张三"和摹状词"张三的老婆"，所以①a 还预设了

c. "张三"为真。

d. "张三的老婆"为真。

② a. 老李又成了舆论关注的焦点。

由该句话语，可以推出"以前有一段时间老李成为过舆论关注的焦点，后来有一段时间老李不是舆论的焦点，现在老李成为舆论的焦点"。"以前"的情况和"现在"的情况两相比较，而被比较的部分，即"以前老李有一段时间成为舆论的焦点，后来有一段时间不是舆论的焦点"就是预设部分，因此②a 预设

b. 以前老李有一段时间是舆论的焦点，后来一段时间不是舆论的焦点。

c. "老李"为真。

③ a. 吕敏今年在经营上赚了更多的钱。

由该语句，可以推出"吕敏以前在经营上赚了很多的钱，吕敏今年在经营上赚了很多的钱，并且今年吕敏在经营上所赚的钱多于他以前在经营上赚的钱"，"今年"的情况同"以前"的情况两相比较，被比较的"以前"的情况也就成了预设。因此③a 预设

b. 以前吕敏在经营上赚了很多的钱。

c. "吕敏"为真。

④ a. 王东也参加了联欢会。

由"也"组成的含有预设的话语情况非常复杂，要结合一定的语境去分析。以该句为例，如果是"李明参加了联欢会，王东也参加了联欢会"，则是"王东"与"李明"相比较；如果是"王东参加了鉴定会，也参加了联欢

会",则是"王东参加了鉴定会"与"王东参加联欢会"相比较。所以,"也"字的含义指向就决定了预设的内容。所以④a 就有几重预设:

  b. 李明(或其他人)参加了联欢会。

  c. 王东参加了鉴定会。

  d. "王东""李明(其他人)"等为真。

  e. "联欢会""鉴定会"等为真。

(5) 某些语法关系也包含着预设。试比较:

① a. 因为欧文是个火星人,所以我要走开。 预设

  b. 欧文是个火星人。

② 如果欧文是个火星人,我就要走开。

由①和②相比较可以看出,简单的"如果……就……"结构,如②,并不预设两分句中任何一个为真,而"因为……所以……"结构就不同,它包含着一个预设,即预设前一个分句为真,对于后一个分句为真,则并未预设,而是加以断定。正如③所示,当 a 被否定时,预设关系仍旧不变:

③ a. 并非因为欧文是个火星人,我才要走开。 预设

  b. 欧文是个火星人。

但是,假如是一个复杂的"如果……就……"结构,也可以包含预设。例如:

④ a. 如果欧文当初伪称有病,那么他早已得到宽恕了。 预设

  b. 欧文并未伪称有病。

  c. 欧文并没有被宽恕。

至于有些问句、命令句、祈使句、感叹句、陈述句所包含的预设,已在预设的种类部分介绍,这里不再叙述了。

(6) 由"真奇怪""真荒唐""真滑稽"等结构连接一个"主谓结构"的句子,往往含有预设。例如:

① a. 真奇怪他们竟都一致认为休姆是个诚实的人。 预设

  b. 休姆不是个诚实的人。

② a. 真遗憾你竟做了那样的事。 预设

  b. 你不该做了那样的事。

(7) 有些含有"甚至(连)……也……"结构的句子也包含预设,而且往往会包含多重预设。例如:

① a. 甚至连李杰也来了。 预设

b. 预料李杰不会来。
　　c. 李杰以外的人来了。　断定
　　d. 李杰来了。
② a. 甚至连苏州那样的城市也未能进入中国最佳旅游城市名单。
　　　预设
　　b. 苏州应该成为中国最佳旅游城市。
　　c. 苏州以外的其他城市成了中国最佳旅游城市。　断定
　　d. 苏州没有能够进入中国最佳旅游城市行列。

二、预设的应用

　　预设是一种重要的语用现象。在人们的言语交际过程中,预设往往具有十分重要的意义。掌握了预设知识,一方面可以解决一些相关的自然语言逻辑问题,加深对自然语言逻辑的认识和理解;另一方面也可以使我们理解语言和应用语言的能力得到进一步的提高,有助于我们的有效交际和正确思维。

　　(1) 真假预设

　　预设是交际双方(或多方)在交际过程中所共同接受的命题或事实。如果这共同接受的事实或命题与实际相符合,我们说这就是真的预设。而如果所预设的事实或命题不是双方所共同接受的,而只为一方所虚构或假想,便是虚假预设。

　　虚假预设作为一种语用现象经常出现在审问和外交场合。对待虚假预设不能采用简单的"是"与"否"来回答,而是要明确指出它所预设的虚假内容。例如:

　　法官:你是如何作案的,赶快从实招来。

　　嫌疑人:我没有作案,如何从实招来?

　　法官的问话中就含有一个虚假的预设,预设"嫌疑人作了案",只是不知道如何作案的。对待如此问话,如果只是简单地回答"是"或否",便很容易陷入对方的圈套,上了当而茫然不知。所以对诸如此类的虚假预设(也有人称为复杂问语)要倍加警惕,如"你停止打你老婆了吗?""你戒烟了吗?""你不偷东西了吗?""你又偷人家的东西了!""你又迟到了。""你还欺骗观众不?"等等,不一而足。

　　有时,虚假预设在外交场合也被经常使用,以达到外交目的。例如在

逻辑思维与表达

第二次世界大战结束后,美国合众社社长霍培利问斯大林:"芬兰在赔偿清理后还可以成为一个独立国家吗?"这句话实际上隐含了一个二难推理:

如果现在芬兰赔偿清理后还可以成为一个独立国家,那么,芬兰过去就不是一个独立的国家。

如果现在芬兰在赔偿清理后不能成为一个独立国家,那么,芬兰过去也不是一个独立的国家。

或者现在说芬兰可以成为一个独立国家,或者说芬兰不可以成为一个独立国家。

总之,芬兰过去不是一个独立国家。

这"芬兰过去不是一个独立国家"就是霍培利复杂问语所预设的命题。这是一个虚假的预设,斯大林对这个复杂问语并不是简单地回答"是"或"否",而是先指出其预设的虚假,即:"这个问题不合理,芬兰从前是,现在仍然是一个独立的国家。"这样便对霍培利的别有用心给予了有力的揭露。

所以,我们既要善于使用预设,又要防止别人使用虚假预设,以保证语用交际的正常进行和有效、正确思维的正常展开。

当然,预设的不真或虚假,并非都是有意而为之,因为预设是交际双方(多方)共同接受的知识背景(事实或命题),换一种说法,是双方共同承认的一种语境。而预设实际上是对语境的某种假设,也未必一定是交际双方共有的实际知识,"而是言者为了交际的需要而认为他和听者共有的知识。因此,言者可以有意无意地不确当地假设听者了解情况,但是事实上听者可能对这种情况一无所知。"①例如:

甲:你昨天怎么没到系里参加政治学习?

乙:我爱人的胃病又犯了。

在乙的对话中,含有"我爱人有胃病"的预设,但对甲而言,他可能知道乙爱人有胃病,也可能不知道乙爱人有胃病,这个预设作为双方共同的事实或命题就不具有严格的意义。

(2)预设理论在劝喻、讽喻方面和理解劝喻、讽喻方面也非常有用,可以使交际达到意想不到的效果。例如:

① 魏晋"竹林七贤"之一嵇康对名教、尊位深恶痛绝。司马昭有位宠

---

① 陈宗明:《语句的语义和语用分析》,载《逻辑与语言学习》,1986年第6期。

臣,名叫钟会,闻嵇康之名前来拜访,正碰上嵇康与向秀在锻铁。嵇康见钟会骑高头大马,穿绫罗绸缎,随从如云,前呼后拥,便不予理睬,锻铁如旧。钟会等了很久,不见嵇康理睬,正欲离去,嵇康忽然开口问道:"何所闻而来?何所见而去?"嵇康的疑问话语预设了钟会是有所闻而来的,也有所见而去的:在嵇康看来,钟会追求高官厚禄,献媚上司,听说自己是名士,一定将自己当作遵守礼法、敬奉名教的儒者;然而钟会看到的自己却不守礼法,非毁名教,连钟会这样的达官都不施一礼,一定会使他大失望。钟会回答不出或者干脆不想回答嵇康的问题,随口说出一个巧妙的回答:"闻所闻而来,见所见而去。"但这个回答只是对嵇康的问话预设的重述而并无其他内容。

② "滕文公问曰:'滕,小国也,间于齐、楚。事齐乎?事楚乎?'孟子对曰:'是谋非吾所能及也。无已,则有一焉;凿斯池也,筑斯城也,与民守之,效死而民弗去,则是可为。'"滕文公面对齐、楚之强大,提出了不正确的预设,即"或者是事齐,或者是事楚",然而这两个选言肢都可能是假的,而孟子的回答看似超出了滕文公的问话范围,但实际上恰恰给出了一个为真的事实或情况。所以,孟子的超出预设的回答不仅为当时的滕文公所接受,也为我们所接受,都会认为这是一种正确有效的交际方式。

③ 汉韩婴《韩诗外传》:"齐有得罪于景公者,景公大怒,缚置之殿下,召左右肢解之,敢谏者诛。晏子左手持头,右手磨刀,仰而问曰:'古者明王圣主,其肢解人,不审从何肢解始也。'景公离席曰:'纵之,罪在寡人。'"在这个故事中,晏子应用了特指疑问话语的预设。在这个特指疑问话语预设中预设古代的明王圣主是肢解人的,而古代的明王圣主是没有肢解人的,由此一含有虚假预设的特指问话使齐景公幡然悔悟,意识到自己不应该滥用肢解他人的刑罚。

第六章　非形式谬误与表达

第一节　非形式谬误概述

非形式谬误就是要通过对论证内容加以分析才能甄别的谬误。辨析非形式谬误不同于形式谬误那样有一定的"形式"可作依据或标准，而是要通过对具体的语义、语境、语用等方面进行深入的分析，才能识别，因此，识别、辨析、驳斥非形式谬误，既要掌握相关的逻辑知识，还要具备一定的分析问题、解决问题的能力。

对非形式谬误的外延的分类有很多种，不同的逻辑学家对非形式谬误的分类也不同。

非形式谬误由于无法用"形式"作为依据加以限制，因而囊括的谬误种类很多，少则十余种，多则几十种。可以这样说，除了数量不算太多的所谓形式谬误外，已发现并命名的百余种谬误均被列为非形式谬误。因此，如果完全依据一定的标准，似乎很难给出准确的划分。所以，对非形式谬误乃至谬误的划分仍是一个需要不断探索的问题。

第二节　非形式谬误的种类

在日常思维和表达中，我们必须摒除谬误，才能使思维准确和表达清楚。所以，表达中要避免出现如下的谬误。

一、语词歧义

同一个语词可以表达不同的概念，同一个概念可以由不同的语词来表达，集合名词与非集合名词容易混淆，以及在不同的语境中对一定语词理解不同和语序上切分不同，都可能导致语词歧义。如果或明或暗地把一个语词表达的不同概念混淆使用，那便成了谬误。

混淆集合概念与非集合概念。集合概念是以一类事物的集合作为反映对象的,它与非集合概念的区别就在于是否是指称一类事物的整体。如果对此二者不加区分而混淆使用,即为谬误。如"中国人是勤劳勇敢的,我是中国人,所以,我是勤劳勇敢的",该推理之谬在于把表达集合概念和非集合概念的"中国人"这一词语不加区分,混同使用。

混淆同一个语词表达的不同概念也会导致谬误。如"凡必然存在的都是善,而恶是必然存在的,因此,恶就是善"。这一推理把具有不同意义的"必然存在"混为一个概念,便产生了谬误。

任意解释一个语词的不同意义,并以之作为论证的根据,也是语词歧义谬误。如流传甚广的算命先生的"父在母先亡"的预言,仅从语词方面看,"在"既可当作动词"存在(活着)"理解,也可以当作介词"在……先"理解,从而使得这一预言的解释可能性大为增加。

利用语词的等义关系也会构成谬误。假如孔乙己的"窃书不能算偷,……窃书!……读书人的事,能算偷么"还能一眼识破的话,那么下面的辩论也确实让人费解。甲指着一个盛有半桶水的桶说:"这是个半空的桶。"乙说:"不,这是个半满的桶。"丙说:"半空的桶,就是半满的桶,两者相同。"丁说:"如果半空的桶等于半满的桶,那么这个等式的两边都乘以2,岂不是一空桶等于一满桶了吗?"

语词歧义经常出现于论辩式的论证中,如果论辩双方各依据同一语词的不同的意义来进行论证,则会导致无意义论辩或无效交际。美国哲学家威廉·詹姆士在《实用主义》(1907)一书中给出了一个经典的例证:几年前他跟旅行团到山上露营。当他独自散步归来的时候,发现一只松鼠紧抓着一棵大树干的边皮。隔着大树干的另一边站着一个猎人正要举枪射击它,但被大树干挡住。猎人依时针方向移动,聪明的松鼠也继续这样移动,直至两者环绕着大树干走了一周,自始至终两者都被大树隔开,自始至终两者与大树都保持成一直线形,松鼠得以保存性命。争论的核心就是:猎人究竟有没有"环绕"着松鼠走了一周呢?有人说猎人绕树走了一周,而松鼠在树上,所以猎人绕松鼠走了一周。反对者则认为如果猎人绕松鼠走了一周的话,那就应看到松鼠的背部,可是松鼠始终面对着猎人,没有让他看到背部,因此猎人没有绕松鼠走了一周。正反双方在论证形式上无懈可击,但两种结论是矛盾的,而且永远也不会有明确的结果,问题的症结就在于"绕一周"这一语词的歧义性。

需要指出的是,语词歧义是一种谬误,是无效论证的基础,试图以歧义陈述使人相信某种论证。虽然如此,有时歧义也可能构成积极修辞,成为表达某种艺术的手段。

二、句法歧义

利用句法表达形式上的歧义性,导致亦此亦彼的意思,就是句法歧义谬误或双关谬误。如"下雨天留客天留我不留",既可解作"下雨天,留客天,留我不留?"也可以解作"下雨天留客,天留我不留。"

又如,"父在母先亡"的预言,它所表达的歧义就更多了:

第一种可能:父母均去世(过去):父在世时母去世(P_1)、父在母亲之前去世(P_2)。

第二种可能:父、母一人去世(现在):父仍在世,母先去世(P_3)、父在母亲之前去世(P_4)。

第三种可能:父母均未去世(将来):父先于母亲去世(P_5)、父在世而母先去世(P_6)。

一句"父在母先亡",既可指 P_1,也可以指 P_2,…,P_6,歧义使得可能性穷尽,该预言几成永真句。

三、自身驳斥

自身驳斥是如此一个命题 P,即如果命题 P 是真的,则可由 P 推出 P 是假的,也即一个蕴含自己的否定的命题。

自身驳斥有三种类型:绝对的、语用的和断言的。绝对的自身驳斥是一命题蕴含了它自身的否定,其特征是由它本身为真可推出它本身为假,例如:

① 这世界上没有什么是真的。
② 我知道我什么也不知道。
③ 没有什么能被证明。

语用的自身驳斥是表达命题的方式与命题本身的意义不相容而造成的,通过改换表达方式,矛盾可以消除。诸如:

① 我说了"我没说话"就表明我说了话。
② 我写了"我什么也没写"。

断言的自身驳斥是一命题被断定时,断定者将含蓄地承认它,但这又与命题表达的意思相冲突。例如,俄国作家屠格涅夫的小说《罗亭》中,写到罗亭与皮卡索夫的一段对话。

罗亭:……照您这样说,就没有什么信念之类的东西了?

皮卡索夫:没有,根本不存在。

罗亭:您就是这样确信的吗?

皮卡索夫:对。

罗亭:那么,您怎么能说没有信念这种东西呢? 您自己首先就有一个。

在小说中,皮卡索夫就犯了自身驳斥的谬误。这类谬误,只要改变命题的陈述者或断言者,自身驳斥随即消解。

需要指出的是,自身驳斥虽然包括矛盾,但它与逻辑矛盾不同,因为自身驳斥必定是自我关涉的。自身驳斥也与严格的悖论不同,因为它只有 P→- P 的形式,而不存在- P→P 的形式。

四、引号谬误

引号谬误是指一个指称客观对象的语词与一个指称语词自身的语词被误以为是同一个语词,也即未能区分语词本身和语词所指称的事物对象,二者相互混淆。例如:

北京是一个名词,

中国的首都是北京

所以,中国的首都是一个名词。

在第一个前提中,北京应加引号,这里应是对"北京"这一语词的指称。在第二个前提中,"北京"是指称一个城市,也即中国的政治、经济、文化的中心。如果添加正确的引号,谬误自然消除:

"北京"是一个名词,

中国的首都是北京,

所以? (因四名词不能推出结论)

试比较下面语句由于引号使用的差异而造成的意义上的重大差别:

① 当你看到东海时,你就到达东海了。

② 当你看到"东海"时,你就到达东海了。

③ 当你看到"东海"时,你就到达"东海"了。

④ 当你看到东海时,你就到达"东海"了。

如果"东海"既指一海域名，又指一城市(或县城)名时，情况就会更加复杂。

五、断章取义

断章取义就是不考虑若干命题所在的语言环境或超语言环境，任意歪曲或更改原文作为论证的根据或加以批驳。例如：

① 马克思《〈黑格尔法哲学批判〉导言》中有一句曾被人们经常引用的话"宗教是人们的鸦片"，以证明马克思对宗教的贬斥态度，有的甚至干脆直接说成"宗教是麻醉人民的鸦片"。后来有人指出这并不是引语的真实意义，"宗教是人民的鸦片"，也是马克思援引别人的话。马克思说："宗教是被压迫生灵的叹息，是无情世界的感情，正像它是没有精神的制度的精神一样。宗教是人民的鸦片。"在19世纪上半叶的欧洲，鸦片是贵重的药用镇静剂，而穷人用不起，有苦痛就转向宗教以求解脱。因此，马克思援引"宗教是人们的鸦片"，绝不是说宗教对人民的毒害，不是对宗教的贬斥态度，而是对教徒劳动人民的同情。

② 1988年亚洲大专辩论会决赛，辩题为：儒家思想可不可以抵御西方歪风。反方代表引用孔子的话说："孔子说：'父母在，不远游。'如果照此办事的话，我们不就来不了新加坡了吗？何以到这里辨认抵御西方歪风问题呢？"正方代表反驳道："对方同学又认为说父母在，不远游，但是对方辩友这一点定在断章取义，因为在论语里，下面还一句话是'游必有方'，也就是出门必邀父母，回来要告诉父母。"

误引、曲解，是断章取义的另一形式。《三国演义》第44回诸葛亮故意曲解曹操《铜雀台赋》"揽'二乔'于东南兮，乐朝夕之与共"，从而激怒周瑜，果然使周瑜中计。

驳斥断章取义谬误，只要核对原文、查清语境、完整引语即可。

六、乞题

乞题谬误是指一个命题甲的成立，因另一命题乙作为根据，而乙命题的成立又必然以甲命题的成立作为条件。一般说来，乞题有两种基本形式。

第一，同语反复，P，所以P；或者，P，因为P。这种谬误在语言表达形式上几乎很少如此直接，而是使P两次出现在有所不同的表达形式中。王蒙在其短文《听同义反复万无一失的演说》中有一精彩的描述："同志们,对于我们的工作,我们一定要肯定那些应该肯定的东西,同时一定要否定那些应该否定的东西。我们不能只知道肯定应该肯定的,却不去否定应该否定的。也不能只去否定应该否定的,却忘记了去肯定应该肯定的。更不能去肯定应该否定的,而否定了应该肯定的……"如此论证,十足的"同语反复"。

"同语反复"也可能在一个非常复杂的论证中出现。波普尔就认为,进化论的困境就是在解释进化论时的同语反复:用"适者生存"解释进化隐藏着近乎同语反复的谬误,断言"生存者即最适应者"和"生存者即生存者"两者看起来即使有差别也是不大的,因为恐怕除了实际生存外,没有别的判断适应性的标准。

第二,循环论证,P是真,因为Q是真的;Q是真的,因为P是真的。鲁迅《论辩的魂灵》中刻画的某些人的论证就是此种谬误:"卖国贼是说诳的,所以你是卖国贼。我骂卖国贼,所以我是爱国者。爱国者的话是最有价值,所以我的话是不错的。我的话既然不错,你就是卖国贼无疑了。"又如俄罗斯《地在哪里?》的传说故事:"地在哪里?""地在鲸上。""那么,鲸又在哪里呢?""当然在水上。""水在哪里?""水在地面上。"这种谬误,真可谓你不说我倒还清楚,你越说,我越糊涂了!

七、预期理由

预期理由是指用尚未成为事实的事物或者本身就虚假的事物作为论据,去证明某一论题的成立。例如,英国哲学家罗素曾说:"上帝让兔子长白尾巴,是要使人更容易瞄准捕捉。我不知道兔子如何看待这一妙论。这是很容易仿制的拙劣论点。你们都记得伏尔泰的话,他说事先计划把鼻子造成现在这个样子显然是为了能架眼镜。"

驳斥预期理由,可以使用"昭示荒谬法",由于此种谬误因理由虚假或未经证明,只要昭示其理由的荒谬性和不可靠性,就使谬误暴露无遗而遭唾弃。例如,1925年北京女师大学生掀起了"驱杨(杨荫榆校长)运动",时任教育部长的章士钊下令解散女师大。由于鲁迅支持"驱杨运动",被免除教育部佥事的职务。为此,鲁迅提起诉讼,和章士钊打起了官司。章士钊在答辩书中称:"该校校务维持会擅举该员为委员,该委员又不声明否认,显系有意抗阻本部行政,既情理之所难容,亦法律之所不许……不得已于8月12日,呈请执政将周树人免职,13日由执政明令照准……"

鲁迅针对章士钊的辩称进行了反击："查校务维持会公举树人为委员,系在8月13日,而该总长呈请免职,据称在12日。岂先预知将举树人为委员而先为免职之罪名耶?"鲁迅的反击正是抓住了预期理由之最大荒谬之处:鲁迅被公举为校务维持会委员在8月13日,而章士钊以此为由呈请免职却在12日。

八、复杂问语

在论证中,问话人有意提出包含虚假预设或回答者并未承认的预设的内容,并要求回答者做出单一的肯定或否定的回答。诸如:"你停止打你的老婆了吗?""你又戒烟了?""你还是那样调皮吗?",等等。驳斥此类谬误,只要指出其虚假的预设即可。

九、"稻草人"谬误

在论证中,把一个虚伪的、较容易反驳的论点强加给对方,然后对这一论点进行攻击,即"稻草人"谬误。鲁迅在《论辩的魂灵》中就淋漓尽致地勾画了"稻草人"谬误的嘴脸:"自由结婚未免太过激了。其实,我也并非老顽固,中国提倡女学我还是第一个……乙赞成自由结婚,不就是主张共妻主义吗?他既主张共妻主义,就应该是将他的妻拿出来给我们'共'。"这个谬误把"自由结婚"歪曲成"共妻主义",然后对"共妻主义"大肆攻击,看起来振振有词,其实是对强加给对方的莫须有罪名进行的中伤。

十、诉诸权威

不适当地引用权威人士的观点,为论证者的观点或行为辩护,甚至以此来压服有充分理由的某种思想。诉诸权威与正常的引用不同,它往往不经阐述、论证而一味地以权威压人,而不是摆事实、讲道理,心平气和,就事论事。例如:

老师:相互平行的两条直线,任意加以延长,永远不会相交。

学生:是这样吗?

老师:这是绝对正确的。

学生:为什么?

老师:因为它是欧几里德确认过的。

老师所述的是条公理,无疑是正确的,欧几里德的确认也无错误。谬误不在论证的内容,而在论证的方法,太过以权威压人。

诉诸权威一般有三种情形:第一,引证权威时,使用者不是把它看成归纳所得,而是把结论当成同前提具有的一样的可信度;第二,只注重权威的名望和影响,而进行跨专业、跨领域的引证;第三,明知一种新的理论、思想颇有论据,仍试图通过引证权威来加以否定。引证具有语用特点,要把握好引证权威的度,避免谬误。

十一、诉诸无知

以无知为论据,任意断定某种观点的真假。其具体的表现形式有二,其一:不能证明 P 是真的,因此,P 是假的;其二:不能证明 P 是假的,因此,P 是真的。例如:

19 世纪的监理会牧师亚历山大·霍尔为被称为"实体论"的物理学理论"像重力一样的所有力都由粒子组成"进行辩护,他在其所编辑的杂志上多次试图挑起与科学家的论战。在遭到所有的科学家的拒绝之后,他居然说:"由于没有人提出反对我的理论的任何理由,因此,该理论必定是真的。"这就如同有人说"没有人能证明灵魂存在(不存在),所以灵魂一定不存在(存在)"一样是无知的表现。

十二、诉诸怜悯

在论证中,不是遵循论证规则去论证,而是以怜悯、同情代替论证,其实质是转移论题。其形式为:X 是值得同情的,所以关于 X 的命题 P 是对的。例如:

美国逻辑学家彼得·朗莱曾举一位律师的辩护词为例以说明诉诸怜悯的谬误:"陪审团的先生们,我的当事人是一个破裂家庭产儿,他从童年时代起一直受到犯罪环境的影响,不符合文明社会的要求。在两岁时,他的母亲就踢他的头。我不认为他对自己的行为负有责任,恳请您尽可能做出无罪判决。"

十三、诉诸传统(公众)

肯定或否定一个命题,完全以是否符合传统(公众态度)为依据,特别是对那些价值命题的辩护与反驳更是如此。其形式为:传统(公众)见解为 P，所以 P 真（合理）；传统（公众）见解为 P，所以-P 假（不合理）。

十四、针对人身的谬误

不是就论题展开辩论，而是针对论辩对方人的品质、资格或动机来展开争论，以图证明对方的论题是假的。

针对人身的谬误，共有两种形式，其一为否定某人做出的一个陈述，不是以相关理由证明该陈述不可靠或其论证不合理，而是以此人有什么缺陷或犯过什么错误为根据：

    A 断定 P，

    A 有如此等等的缺陷，

    所以 P 是假的。

例如说某人说的话不可靠，因为他以前曾说过谎；某人不适宜从事某项工作，因为他以前曾有过什么错误；等等皆属此类。

其二为"环境决定的针对人身"：

    A 断定 P，

    A 处于某种特殊的环境，

    所以，P 是假的（不可信）。

诸如"你是教逻辑的，当然认为逻辑是重要的"，"你是江苏人，当然说江苏好了"。

十五、推诿

在论证中明知自己的观点、思想或做法是错误的，不去反思错误所在，而是文过饰非，胡搅蛮缠。例如，某贪污犯被审查时竟说："大贪污犯多着呢，我算老几，你们不打老虎，只抓我这个小苍蝇。"某人工作不努力，领导指出其缺点后，他不仅不接受，反而说："我干得已经够好了，比×××强多了。我要拿你们领导那么多的工资，我也会像你们那样做得好的。"

十六、轻率概括

依据个别或部分事例概括出一个全称命题，这种简单枚举而致的结论超出前提，往往走向谬误。诸如"天下乌鸦一般黑""所有的鱼都用鳃呼吸""所有的棉花都是白的"，等等。

轻率概括并非一般人才犯的错误，有时非常博学甚至权威的人士也会犯这样的错误。例如,1843年,英国的博物馆曾经展出了从澳洲带来的鸭嘴兽的蛋,并且说鸭嘴兽是哺乳动物。这一展览引起了很大的轰动,一些生物学家疑窦丛生,一般市民更是提出抗议,强烈要求取消这一企图赚钱的哗众取宠的展览。因为大家都认为,所有的哺乳动物都是胎生的。恩格斯当时二十多岁,看了展览之后,也是颇有疑惑。后来生物学家到澳大利亚东部以及塔斯马尼亚岛实地考察了鸭嘴兽的栖息地,仔细研究了鸭嘴兽的卵生、哺乳过程,发现鸭嘴兽的确是卵生的哺乳动物,便在哺乳纲动物中增设了单孔目鸭嘴兽科。恩格斯在确证这一情况后,在给友人的信中"郑重地向鸭嘴兽道歉,请求原谅"。

十七、机械类比

在两个或两类事物之间具有较多反例或类推属性之间缺乏较强的相关性时,使用类比,随意得出结论,即机械类比。例如:

《世说新语》中讲到孔群嗜酒如命,常常因喝酒而误事。孔群的朋友王导劝他少喝酒,说道:"酒是不能多喝的,喝多了就会像盖酒坛口很快烂掉的布一样,后果不堪设想。"孔群一听,放声大笑:"没有关系,放在酒糟里的糟肉,很长时间都不腐烂,味道鲜美,所以我多喝两三杯没有什么。"无论王导,还是孔群,都使用了机械类比的谬误。

十八、琐屑的谬误

在对他人的论点或论证进行反驳时,不是从逻辑论证的方面考虑,而是针对他人的一些细小的、对论题的成立并无大碍的不足乃至错误进行批驳,并试图否定他人的论证。例如:

姚雪垠先生在与郭沫若先生辩论明史的若干问题的过程中,针对郭先生的《甲申三百年祭》引用《明季北略》时卷数有问题,随之得出结论说:连卷数与题目都未看清楚,当然谈不上辨别史料的真伪了。黄裳先生认为,姚先生在此有琐屑谬误之嫌。

琐屑谬误与针对人身谬误有相似之处,都是抓住一点,不及其余。但针对人身重在抓对方生理上的缺陷,如说某人长相如何丑陋难堪重任等,而琐屑谬误则往往是针对对方思想上或方法上等非生理因素的缺陷,如说某人"连话都说不清,怎么能当好领导","连这么简单的常识都不知,他的学问也就可知了",等等。

十九、强调的谬误

自然语言具有一定的模糊性,如果利用这一点,对一个句子的逻辑重音进行强调,则会使得论证走上歧途。在语言的运用过程中,人们可以通过使用着重号、粗体字、斜体字以及在口语论辩中加强语音以使交际效果发生差异,传达不同的意义。如对下面句子中否定焦点的理解不同,可以导致一句话表达出多种意义,从而产生谬误。

我不赞成李明担任领导。

否定词"不"可以对"我""赞成""李明""担任""领导"进行不同层次的否定,因此,该句至少可以表达如下意义:

我**不**赞成李明担任领导。(可能其他人赞成)
我不**赞成**李明担任领导。(我反对)
我不赞成**李明**担任领导。(可能是王凯)
我不赞成李明**担任**领导。(可能是选举)
我不赞成李明担任**领导**。(可能是公务员)

二十、忽视相关变项谬误

在论证中,未考虑对事件概率影响的某些因素,就简单地把两件事情加以比较,从而推出一个不可靠结论的谬误,即忽视相关变项谬误。例如,航空公司在招徕旅客广告中说乘坐飞机最安全,飞机飞行几十万公里才有一次交通事故(空难),而不像乘坐火车、汽车那样频繁;客运公司则宣传说,乘坐公共汽车最安全,公共汽车几年才出一次交通事故,而且每次交通事故死亡人数又很少。二者比较,前者抓住了里程,后者抓住了时间,标准不一致,忽视了相关变项,而这种谬误如果不细心分析,则会让人觉得似乎颇有道理。又如美国征兵宣传动员口号说,美国军队在和平时期甚至在战争时期其死亡率也比纽约市的市民死亡率偏低,因此,赶快报名参军吧。纽约市民死亡率偏高是因为从整体上看,有老人、孩童、病人、残疾人、医疗事故以及交通事故等,而军队中则基本上是青壮年,几乎不存在老、弱、病、残的问题,其死亡率当然会低于纽约市民。

谬误的种类还很多,有人总结出七八十条,甚至近百条,我们需要把握的一条准则就是,以逻辑为准绳,为标准,正确区分真理与谬误、科学与虚幻。因此,掌握逻辑科学知识,是避免和反对谬误的根本所在。

第七章 诡辩与表达

第一节 诡辩的特征

一、什么是诡辩

诡辩,作为一种反逻辑的思维形式,不论是在中国还是在古希腊都可以说是源远流长。古希腊的"智者",中国古代的"辩者"都曾"治怪说,玩奇辞","以非为是,以是为非"。虽然这些怪说奇辞看似"持之有故,言之成理",但归根到底是对逻辑思维的一种有意识的违反。正如黑格尔指出的那样:"诡辩这个词通常意味着以任意的方式,凭借虚假的根据,或者将一个真的道理否定了,弄得动摇了,或者将一个虚假的道理弄得非常动听,好像真的一样。"

那么,到底什么是诡辩呢?所谓诡辩就是故意违反逻辑规律和规则,用似是而非的论证去为错误的观念辩护或者是攻击正确的观点。

二、诡辩的特征

一般说来,诡辩具有以下的特征。

(1)诡辩是一种论证方式或论辩方式。一个诡辩通常具有其相应的论证结构,虽然有的时候它表现为简单的一句话,但它必定在直接或间接的意义上可以分析或组织为一个论证。例如:

战国时宋玉的《登徒子好色赋》中写道:"大夫登徒子侍于楚王,短宋玉曰:'玉为人体貌闲丽,口多微辞,又性好色。愿王勿与出入后宫。'王以登徒子之言问宋玉。玉曰:'体貌闲丽,所受于天也;口多微辞,所学于师也,至于好色,臣无有也。'王曰:'子不好色,亦有说乎?有说则止,无说则退。'玉曰:'天下之佳人莫若楚国,楚国之丽者,莫若臣里,臣里之美者莫若臣东家之子。东家之子,增之一分则太长,减之一分则太短;著粉则太白,施朱则太赤;眉如翠羽,肌如白雪,腰如束素,齿如含贝,嫣然一笑,惑阳城,迷下蔡。然此女登墙窥臣三年,至今未许也。登徒子则不然。其妻蓬头挛耳,齞唇历齿,旁行踽偻,又疥且痔。登徒子悦之,使有五子。王孰察之,谁为好色者矣?"

宋玉在"登徒子好色""宋玉并不好色"的问题上就使用了诡辩。这个诡辩中的论题很明显,然为论题所选择的论据又与论题之间缺乏必要的逻辑联系,看似相关,其实不然。登徒子之妻漂亮与否,与其感情关系如何,无法证明登徒子好色;宋玉不娶东邻美貌之女,也无法证明自己不好色。

有时,诡辩即使是一句话,甚或一个字,也可以看作一个论证,只是这个论证的结构需要依靠一定的语境对它进行再构拟。例如:

有兄弟三人一起进京赶考,行前去向一个道人占卜前程。道人只写了一个"一"字。三人皆莫名其妙,道人说:"归来后,必能应验。"兄弟三人走后,道人的弟子问:"'一'字妙在何处?"道人回答说:"如果只中一人,'一'即指'一人考中';如果三人皆考中,'一'即指'一齐考中';如果三人无一人考中,'一'即指'一个未中',如此而已。"这个道人也是在诡辩,也使用了论证。究其实,道人的诡辩就是用的穷尽可能的选言证法的论证方式,在对兄弟三人能否考中的问题上进行了如此亦可彼亦可的诡辩。

(2)诡辩作为一种思维活动,往往具有"故意为之"的特征。

诡辩往往是诡辩者为了"弄假成真"或"弄真成假"而进行的论证,体现了一种明显的目的性、自觉性。古希腊的智者的辩论中有不少诡辩的成分,有很强的自觉而为之的特点。有一个叫欧底姆斯的智者为了使前来求教的学生心悦诚服,便进行了如下诡辩:

欧底姆斯:你学习的是已经知道的东西,还是不知道的东西?

学生:当然是不知道的东西了。

欧底姆斯:你认识字母吗?

学生:我认识。

欧底姆斯:所有的字母都认识吗?

学生:是的。

欧底姆斯:教师教你的时候,不正是教你认识字母吗?

学生:是的。

欧底姆斯:如果你认识字母,那么教师教你的不就是你已经知道的东西了吗?

学生:是的。

欧底姆斯:那么,或者你不在学习,只是那些不认识字母的人在学习吧?

学生:不,我也在学习。

欧底姆斯:如果你认识字母,那你就是在学习你已经知道的东西了。

学生:是的。

欧底姆斯:那么,你最初的回答就不对了。

在这个例子中,欧底姆斯的诡辩手法是非常高明的。正因为是建立在"故意""有目的"的基础之上的,他才使自己的结论就像是从学生自己承认的观点中逻辑地推出似的。也正是因为诡辩所具有的"故意"特征,诡辩才更加具有迷惑人的特点,破斥诡辩也就必须具备相应的逻辑素养。

(3) 诡辩往往在"伶牙俐齿"的情况下把假的说成真的,把真的说成假的,即"似是而非""似非而是"。古希腊"智者"就有一条"求胜不求真"的诡辩原则。例如:

外国有人成立了一个"笨人俱乐部",推出了一项研究成果,诡辩说"鸡是植物"。他们的诡辩过程如下:因为鸡蛋是鸡生的,所以鸡就是"鸡蛋加工厂",在英语中"鸡蛋"与"工厂"合成词就成为 eggplant,而 eggplant 表达的意思又是"茄子"。茄子是植物,所以鸡也是植物。这就是"似是而非"的诡辩。鸡,在事实上明明属于动物,"笨人俱乐部"却通过诡辩,不顾客观事实,弄假成真,称之为"植物"。在英语中,eggplant 的含义是十分清楚而又确定的,仅指"茄子"。但"笨人俱乐部"却故意通过一番"聪明"的论证,硬是给它加上一个"鸡蛋加工厂"的含义,从而使得"鸡"同"植物"构成了种属关系。

诡辩不仅仅弄假成真,有时它也会弄真成假,把真理说成谬误,把正确的变成错误的。有人开了一个诡辩玩笑,试图证明 $2=1$,他的论证过程是这样的:

① 假设:$a=b$

② 在公式两边同乘以 a,则 $a^2=ab$

③ 在公式两边同时减去 b^2,则 $a^2-b^2=ab-b^2$

④ 公式左边进行因式分解,右边提取公因子,则 $(a+b)(a-b)=b(a-b)$

⑤ 公式两边同时除以公因子 $(a-b)$,则 $a+b=b$

⑥ 把 $a=b$ 代入公式 $a+b=b$,则 $b+b=b$

⑦ 公式两边同除以公因子 b,则 1+1=1 即 2=1。

这个论证明显地违反了人们的常识,2=1 怎么可以成立呢？肯定是一个诡辩。这个诡辩错在什么地方呢？第一、二、三、四个步骤都是没有问题的,都是真的。第五个步骤"好像"也没有问题,但问题恰恰就出在这里。这是一个假前提,以它作根据是不能进行正确或者恰当的论证的。因为(a−b)=0,在数学中不允许以 0 作为分母或除数。0 作为分母或除数,没有意义,在逻辑论证上也是无效的。

另外一个类似的数学诡辩是这样的：

① $8÷4=10÷5$

② 公式两边提出公因子,则有 $4(2÷1)=5(2÷1)$

③ 若将两边的公因子$(2÷1)$消掉,则有 $4=5$。

你能识破这样的诡辩吗？

(4) 诡辩无一例外是反逻辑的,即违反逻辑规律或规则。

诡辩的危害在于披着"逻辑"的外衣,看似"言之成理""持之有故",其实无一不是违反逻辑规律或规则的。例如：

古希腊有一个智者名叫欧布利德,因擅长辩论而声名大振。有一天,他对一位朋友说："你没有失掉的东西就是你所有的东西,对吧？"他的那位朋友想了一想,觉得也是,就回答说："是呀！"欧布利德又接着说："你没有失掉头上的角吧？那么,你的头上就有角了。"这就是非常有名的"有角"诡辩。这个诡辩采用的是三段论的省略形式,恢复成完整的三段论,就是如下的形式：

你没有失掉的东西就是你所有的东西,

你头上的角是你没有失掉的东西,

所以,你头上的角就是你所有的东西,即你的头上有角。

这个三段论是第一格的 AAA 式(即 MAP∧SAM⊢SAP 的形式),表面看似乎没有什么问题,符合该格的"大前提全称,并且小前提肯定"的推理规则要求。仔细分析,便会发现,该三段论推理犯了"四名词"的逻辑错误,也即大、小两个前提中的"你没有失掉的东西"是两个不同的词项。大前提中"你没有失掉的东西"是指"你原来就有但没有失掉的东西",既然没有失掉,当然为你所有；而小前提中的"你没有失掉的东西",则是指"你原来所没有的并且没有失掉的一切东西"。欧布利德正是利用一词多义,进行"实变而形不变"的概念偷换,造成违反三段论推理的一般规则,推出了一个诡辩式的离奇古怪的结论。这个诡辩也可以说是有意识违反逻辑思维规律之"同一律"而进行的诡辩。

（5）诡辩往往具有孤立性、片面性、主观任意性以及强词夺理性的特征。

黑格尔指出："诡辩的本质在于孤立起来看事物，把本身片面的、抽象的规定，认为是可靠的，只要这样的规定能够带来个人当时特殊情形下的利益"。列宁也说诡辩是"离开事物的内部联系而抓住事件的表面相似之处"。诡辩者在论辩中，为了求胜，总是惯于表面地、片面地看待问题，甚至抓住一些细枝末节、一些次要的现象而非本质来混淆视听。在中外逻辑史上这样的诡辩几乎俯拾皆是。

古希腊哲学家芝诺提出"飞矢不动""阿喀琉斯永远追不上乌龟"，赫拉克利特的学生克拉底鲁提出"人连一次也不能踏进同一条河流"，麦加拉学派的欧布利德曾提出两个著名的诡辩："谷堆"诡辩和"秃子"诡辩。中国古代的"辩者"也提出与此相似的诡辩命题，诸如"飞鸟之景，未尝动也"，"孤驹未尝有母"，"鸡三足"，"山渊平"等。

三、诡辩与谬误的关系

诡辩，也是谬误，而且是一种非常严重的逻辑谬误。它常常貌似有理，"求胜不求真"，似乎"言之有理，持之有故"，却常常又是"服人之口，难服人之心"，不像一般谬误那样容易识别，容易驳斥，其危害性也更大。

一般说来，诡辩与谬误具有种属关系，所有的诡辩都是谬误，但并非所有的谬误都是诡辩，而是有的谬误是诡辩，有的谬误不是诡辩。谬误是无意或有意地违反逻辑规律和规则，而诡辩则重在有意地违反逻辑规律和规则，体现了违反逻辑的目的性、计划性和巧妙性。从表现形式上看，诡辩与谬误在不同的思维过程中也有不同的体现，一般的谬误可以出现在词项（概念）、命题（判断）、推理等思维过程中，而诡辩则在论证中表现尤为突出，这体现了诡辩也是一种论证的特征。

诡辩与一般谬误的最为根本的区别是错误的性质和程度不同。谬误一般是不经意地违反逻辑规律和规则，因此不具有目的性、计划性，也不使用迷惑人的技巧，可视为"过失犯规"。而诡辩往往是有目的地为不正确甚至虚假的论点做"巧辩"，它是有意识地反逻辑，可视为"故意犯规"，并为这种犯规造成"很有逻辑"的假象，使一般人"知其非而不知其所以非,知其非而不知其非在何处",既不好辨别,又无从驳斥。所以诡辩较一般谬误也就具有更大的迷惑性、欺骗性、危害性。

四、诡辩的活用

　　诡辩固然是故意违反逻辑规律和规则,用似是而非的论证为错误的观念辩护或者攻击正确的观点,但诡辩并不是如通常人们所想象的那样距离我们很远,也并不只是坏人才具有的一种恶劣品质,好人也可以使用诡辩,也可能会在论证过程中犯诡辩性错误,有人称之为"巧辩",也有人称之为"诡智"。例如,诗人马雅可夫斯基有一天在彼得堡大街上行走,看到一个妇女正在向周围的群众大发议论,用恶毒的语言攻击布尔什维克。他就分开人群,径直走到该妇女面前说:"抓住她,她昨天把我的钱包偷了!""您说什么呀,您一定认错人了。"那女人吓坏了,急忙分辩。马雅可夫斯基一口咬定:"错不了,就是她——戴着绣黄花的帽子,她偷了我二十五卢布!"围着那女人的人群开始讥笑她,一边议论,一边纷纷走开。马雅可夫斯基用"诡辩"惩罚了造谣惑众的女人,使布尔什维克免受恶毒中伤,真是大快人心。

　　又如,鲁迅于1926年下半年曾在厦门大学任教授。一天,校长林文庆把教授们召集在一起开会,提出要把研究经费削减一半,这遭到了教授们的强烈反对。林文庆恼羞成怒,说道:"关于这件事,不能听你们的。学校的经费是有钱人拿出来的,只有他们才有发言权!"鲁迅当即站了起来,从衣袋里摸出两个银币,"啪"的一声放在桌子上,铿锵有力地说:"我有钱,我是有钱人,我也有发言权!"林文庆所说的"有钱人"指的是官僚富绅,是指有很多钱的人,鲁迅借助其歧义性,改换成了"有银币、有钞票的人",陈述了"我们教授都有发言权"的主张。

第二节　诡辩的种类

　　对待诡辩必须进行揭露、反驳。要反驳诡辩,必须对诡辩有所识别;也只有对诡辩有所识别,才能对诡辩进行有针对性的驳斥。

　　诡辩的种类很多,常见的有以下几类。

一、弄假成真

客观现实,真就是真,假就是假,容不得半点歪曲,可有的诡辩者偏偏要通过诡辩,对事实进行歪曲,把假的说成真的,而且还要千方百计使人们相信这一歪曲的现象是事实。

宋代惠洪的《冷斋夜话》就记载了这样的一个诡辩。有一个叫彭渊的人养了两只鹤,自己称之为"仙鹤"。每逢客人到来,他都请人观赏,并宣称:所有的鹤都是卵生的,唯有这两只鹤是胎生的,故而称为"仙鹤"。一天,他正在向来客炫耀"仙鹤"时,家人来报:"有一只仙鹤昨夜生了一个蛋,有梨那么大。"这下弄得彭渊面红耳赤,十分狼狈。他不但不认错,反而大骂家人胡说。正骂间,只见另一只鹤也下了一只蛋。彭渊无奈,便向客人解释说:"我这仙鹤是因为吃了凡世间的东西,才变成这个样子的。"彭渊不仅对荒谬之说进行了论证,通过诡辩使之成为真实,而且还欲使人们相信这是真实。这种诡辩,闻之喷饭,顿觉无聊。

二、以偏概全

这是一种以片面的事实论据证明关于全面事实的论证。苏联逻辑学家维诺格拉多夫对此解释为:"把只有在某一点、某一条件下才是可靠的论据,引证了来作为论题之绝对的、在所有条件下都可靠的论据。"究其实,这是一种对不完全归纳推理的滥用。

由于完全归纳推理的前提没有穷尽所有的可能,因此,前提和结论之间的联系就不具有必然性质,如果仅以为数不多的前提推出对所有前提的完全断定,就会成为诡辩。

有一个二元二次方程式 $y=x^2+x+41$,有人下结论说,如果 x 代入整数的话,y 一定是素数。他列出一个表,以表示他的推理过程和结论是正确无误的:

x	0	1	2	3	4	5	6	7	8	9
y	41	43	47	53	61	71	83	97	113	131
x	10	11	12	13	14	15	16	17	18	19
y	151	173	197	223	251	281	313	347	383	421

续表

x	20	21	22	23	24	25	26	27	28	29
y	461	503	547	593	641	691	743	797	853	911
x	30	31	32	33	34	35	36	37	38	39
y	971	1 033	1 097	1 163	1 231	1 301	1 373	1 447	1 523	1 601

但是,很遗憾,这个表格只是部分前提,甚至也还可以举出其他一些例子来证明其正确性。如果有人以此类推下去,说它是对的,并说"事实胜于雄辩",那么他必定是在诡辩。因为我们马上可以举出反例:当 $x=40$ 时,$y=1\ 681$,它是合数而非素数,$x=40,80,120,x=100,200,\cdots$ 那么 $x=N\cdot 40,x=N\cdot 100\cdots$ 时,y 也不是素数。也正是这个原因,崇尚演绎的数学不相信归纳得出的数学命题是真理。这方面比较极端的例子就是关于"哥德巴赫猜想"的归纳推理问题:

据说,有人为了证明"猜想"的正确性,已经将实例列举到天文数字那样多:

6 等于两个素数之和;

8 等于两个素数之和;

100 等于两个素数之和;

1 000 等于两个素数之和;

10 000 等于两个数之和;

……

100 000 000 000 等于两个素数之和

……

所以,任何一个合数都等于两个素数之和。

尽管如此,数学殿堂仍不承认其合法的地位,不承认它是定理,而只承认它是"猜想",尽管它具有天文数字般多的事实。

三、偷换概念

偷换概念是诡辩手法中很常见的一种,"偷梁换柱""李代桃僵""狸猫换太子"皆属此类。例如:

1860 年 6 月,英国科学促进协会在牛津召开了一次辩论会。会上,大主教威尔勃福斯大肆攻击达尔文关于人类起源于类人猿的著名论断,对达尔文的生物进化论进行了诡辩式的攻击。他对在座的达尔文进化论的坚决捍卫者赫胥黎质问道:"请问你,究竟是你的祖父还是你的祖母同猴子有亲属的关系?"

类人猿与猴子是很相似的,达尔文指的是类人猿,而他的学说的反对者们竟将其偷换成了"猴子"。

四、强词夺理

这种诡辩公然不顾最起码的常识和事实,胡搅蛮缠或厚颜抵赖,一味地讲歪理。例如:

① 著名作家王蒙在一篇小说里写了一位精神执迷病人看病的情况。

医生:请坐。

病人:为什么要坐呢?难道你要剥夺我的不坐权吗?

医生:(无可奈何,倒了一杯水)请喝水吧!

病人:这样谈问题是片面的,因而是荒谬的。并不是所有的水都能喝,例如你如果在水里掺上氰化钾,就绝对不能喝……

医生:我这里并没有放毒药嘛,你放心!

病人:谁说你放了毒药呢?难道我诬告你放了毒药?难道检察院起诉书上说我说你放了毒药?你这才是放了比毒药还毒的毒药。

医生:(毫无办法,叹了一口气只好转移话题)今天天气可真不错。

病人:纯粹胡说八道!你这里天气不错,并不等于全世界在今天都是好天气,例如北极,今天天气就很坏,刮着大风,漫漫长夜,冰山正在撞击……

医生:(忍不住反驳道)我们这里并不是北极嘛。

病人:但你不应该否认北极的存在,你否认北极的存在,就是歪曲事实真相,就是别有用心。

医生:你走吧。

病人:你无权命令我走。这是医院,不是公安机关,你不可能逮捕我,你不可能枪毙我!

如此病人真可谓强词夺理,无赖至极。

② 鲁迅在《阿Q正传》中描写的阿Q形象也不乏这种无赖特征:阿Q翻墙进入尼姑庵偷萝卜被老尼姑当场捉住,老尼姑:"阿Q,你怎么跳进园里来偷萝卜?"阿Q:"我什么时候跳进你的园里来偷萝卜?"老尼姑指着

他的衣兜说:"现在……这不是?"阿 Q:"这是你的？你能叫得它答应你吗？"

如此诡辩,其实是黔驴技穷,不得不借助扯野撒泼来侥幸过关。

五、人身攻击

论辩本应辨是非、明曲直,正谬误,弘扬真理。如果理屈词穷,气急败坏,不是就论题展开辩论,而是将辩论的锋芒转移到论敌的人身方面,就成了人身攻击的诡辩。

德国哲学家黑格尔在《谁在抽象地思维》一文中列举了一个人身攻击的实例。女顾客:"你卖的鸡蛋是臭的呀！"女卖主:"什么？我的鸡蛋是臭的？我看你才是臭的呢！要是你爸爸没有被虱子吞掉,你妈妈没有跟法国人跑掉,你奶奶没死在医院里,你就该为你花里胡哨的围巾买件称身的衬衫呀,谁不知道,你这条围巾和你的帽子是打哪儿搞来的？要是太太们多管管家务,你们这班人都应该蹲监狱,还是补补你袜上的窟窿去吧！"

这种以谩骂代替争论,无疑是最卑鄙、最下流的了。可就是这样一种庸俗、低级的诡辩手法竟也被堂堂英国主教威尔勃福斯用来攻击达尔文主义者赫胥黎:"赫胥黎教授就坐在我身边,他是想等我一坐下来就把我撕成碎片的,因为照他的信仰,他本来是猴子变的嘛！"

人身攻击有时是针对个人的某些缺点、缺陷的,有时是针对个人的名誉、尊严,甚至人格的。前者尚有一些人身缺点、缺陷可资攻击,而后者则纯属造谣中伤,凭空诋毁了。

六、循环论证

要证明自己的观点,又没有相应的论据支持,只好煞有其事地从论题自身引出个论据,"因为这个,所以那个；因为那个,所以这个",如此一来,论据倒成了论题的支持者。论据必须依靠论题才能成立。

鲁迅在《论辩的魂灵》中揭露了诡辩者的嘴脸:"卖国贼是说谎的,所以你是卖国贼。我骂卖国贼,所以我是爱国者。爱国者的话是最有价值的,所以我的话是不错的。我的话既然不错,你就是卖国贼无疑了！"这里用"你是卖国贼"支持"我的话是不错的",又用"我的话是不错的"反过来支持"你是卖国贼"。其形式为:A→B→C→D→A。

需要指出的是,"循环论证"所用的推理形式是有效的,如:

A,⋯,⋯,⊢─A,或其极端形式"同语反复":

A⊢─A,

在演绎逻辑中都是有效的,都能得到有效证明。论证讲求"前提真,结论真,正确遵守相应的推理规则(形式有效)",就必然要求论题和论据皆真,而循环论证中其论题是待证的,论据又是由论题推出的,故而违反"前提真,结论真,形式有效"的要求,是"反逻辑的"。

七、妄喻

比喻是论述观点、阐明思想的一种常用方法,先秦诸子大多"善譬",甚至因"善喻"而成名。但如果没有相似点,缺乏"喻"的基础,硬是把风马牛不相及的事物乱作比喻,则为妄喻。

章士钊的《逻辑指要》曾举如下例子。

"余幼时,曾闻乡人问答一事,颇多风趣。

问:某君何如也?

答:通人也。

问:其通如何?

答:天下之才十斗,曹子建得八;今天下之窍十,某君通其九。

问:何谓也?

答:一窍不通。"

"一窍不通"是指"什么也不懂",而不是"只有一窍不通"的意思,实际上是正话反说,不得强解字面意思。

又如,爱尔兰有个古老的民间故事。从前,有一个到处流浪的老乞丐,一天,他走进一户农民家里乞食。正在待客的主人非常同情他,便让他坐在桌前与客人一起吃饭,并对他说:"你是最后到的一位客人,就请你把这只鸡分掉吧。"老乞丐欣然同意,拿起鸡便分了起来。他对主人说:"您是这里的主人,理所当然要吃鸡头。"对女主人说:"您的地位仅次于男主人,理应吃鸡脖子。"对主人的两个女儿说:"你们今后要从家里飞出去,应该吃翅膀。"他对两位客人说:"你们两位一会儿还要赶路呢,就把两只鸡爪吃掉吧。"最后,他对大家说:"我是个可怜的流浪汉,就吃大家剩下来的吧。"鸡的各个部位与人的地位毫不相干,可为了占有鸡的最佳部分,公开表明,显然不当,借助妄喻,似乎有理,其实诡辩。

八、诉诸权威

权威是存在的,但权威可信而不能迷信。如果在辩论中抛却权威的相对性,将某一权威视为绝对,不可逾越,那就成了诡辩。

意大利物理学家伽利略在其著作《关于托勒密和哥白尼两大世界体系的对话》中,对一位经院哲学家的荒谬推论进行了批判。这位经院哲学家坚信人的神经在心脏处会合。一次,一位解剖学家请这位经院哲学家看人体解剖。这位哲学家亲眼看到了人的神经是会合在大脑,而不是在心脏。解剖学家对他说:"现在您总该相信人的神经是会合在大脑而不是心脏了吧!"但这位经院哲学家仍然说:"您这样清楚明白地使我看到了这一切。假如在亚里士多德的著作里没有与此相反的说法,即神经是从心脏中产生的,那我一定会承认这是真理了。"

诉诸权威,往往是借助权威之力来对错误论题进行论证,这种论证又往往是利用权威的某些错误。以权威的错误为自己辩护,是诉诸权威同"引证"等正确论证相区别的重要标志,这也就是说,如果引用权威正确,则不是诡辩。

诡辩的种类很多,诸如歪曲事实、以言乱实、歪曲语境、混淆概念、四名词(四概念或四个项)、言悖、偷换论题、复杂问语、预期理由、谬论为据、假象为据、或然推论、无关推论、诉诸感情、诉诸群众、强为因果,等等。对诡辩的分类目前尚有争议,有的从论证的角度对诡辩进行分类,有的从概念(词项)、判断(命题)、论证、推理的角度对诡辩进行划分,还有的从辩证法角度对诡辩进行划分。

诡辩是和辩证法相对立的,也是反逻辑的,但它常常貌似"逻辑",貌似辩证法。我们在学习这一章时必须注意:第一,要充分认识诡辩的反逻辑性、反辩证法性。诡辩是一种有碍正确认识世界的非常有害的论证方法,因此,学习逻辑,以逻辑为武器,坚持辩证法,要区分诡辩与逻辑、诡辩同辩证法的实质区别。第二,诡辩并非坏人才具有的一种恶劣品质,它离我们并不遥远,好人在争辩中一不注意,也会犯诡辩的错误;如果不学好逻辑,缺乏一定的逻辑素养,很可能既对诡辩无法区分,无法识别,无从驳斥,又会导致自己在辩论中不自觉地陷入诡辩之中。第三,通过对逻辑的学习,要能学会一些驳斥诡辩的技巧,借以提高自身的思维能力、逻辑能力,正确地认识世界、改造世界。

第三节 反诡辩常用的逻辑技巧

鲁迅先生在《捣鬼心传》里指出:"捣鬼有术,也有效,然而有限,所以以此成大事者,古来无有。"诡辩虽然貌似逻辑,貌似辩证法,但因其实质是反逻辑的,经不起逻辑的锐利武器的破斥。只要人们的辩论存在,诡辩就有可能出现,因此,驳斥诡辩的逻辑技巧就是我们捍卫真理的有效工具。

一、澄清概念

概念是思维的出发点和总结。在概念上玩弄游戏,是诡辩者惯用的伎俩,也是常见的诡辩表现。诡辩者经常利用同一个语词表达不同的概念,或者是同一概念的不同语词表达形式,或者是采用偷梁换柱的办法,任意改变一个概念的内涵,使之变成另外一个概念,从而达到诡辩、惑众的目的。诸如偷换概念、混淆概念、以言乱实、以名乱实、偷换论题、转移论题、四个名词(四个概念、四个项)等都是这种诡辩的具体表现。

驳斥诸如此类的诡辩,最有效的办法就是澄清概念,正如亚里士多德所说的那样:"任何真实的事物,一定在任何方面与它自身一致。"列宁也指出:"如果要进行论争,就要确切地阐明各个概念。"不同的概念有其相对确定的含义,因为不同的概念其外延和内涵是相对确定的。明确思想,必须首先从明确概念做起;明确概念必须首先澄清概念。

澄清概念,有助于区别不同的事物,有助于"就事论事",反驳诡辩。例如:"究竟何时、何地、在哪个行星上,有哪个马克思说'吃饭决定思想体系',为什么你们没有从马克思著作中引出一句话或一个字来证实你们这种论调呢?诚然,马克思说过:'人们的经济地位决定人们的意识,决定人们的思想。'可是,谁向你们说过,吃饭和经济地位是同一种东西呢?难道你们不知道像吃饭这样的生理现象,是和人们经济地位这种社会现象根本不同的吗?"斯大林针对马克思主义的敌人采用诡辩手法提出"吃饭决定人们的意识"这一错误命题时,采取澄清概念的手法,区分了"吃饭"和"经济地位"两个内涵和外延完全不同的概念,有力地回击了反马克思主义者对马克思主义的进攻。

德国的一个帝国主义和兼并政策的辩护者库诺夫在美化帝国主义

时,推论说:"帝国主义是现代资本主义,资本主义的发展是不可避免和进步的……所以必须跪在帝国主义面前歌功颂德!"针对库诺夫所使用的诡辩手法,列宁明确指出,资本主义的发展"不同于"现代资本主义,这两个概念反映了资本主义发展两个截然不同的过程和阶段,内涵和外延大相径庭。对"资本主义的发展"和"现代资本主义"两个概念的澄清,就使得库诺夫为帝国主义辩护的险恶用心昭然若揭,其所使用的诡辩伎俩暴露无遗。

二、揭示矛盾

诡辩由于其"反逻辑"的特性,总难自圆其说,有时甚至是顾前不顾后,矛盾百出,破绽多多,陷于出尔反尔、前后多相伐的境地而不能自拔。我们要进行冷静的逻辑分析,合理推断,指出诡辩者的矛盾所在,使其"诡辩有术,然而无效"。

加拿大友人朗宁生于中国,并热爱中国。为此,在他30岁那年竞选州长时曾遭到竞选对手的攻击。

竞选对手说:"听说你是吃中国奶妈的奶长大的,是吗? 如此看来,在你身上,无疑具有中国血统了。"朗宁说:"你说得很对。不过据权威人士披露,你是吃牛奶长大的,是吗? 如此看来,在你身上,无疑具有牛的血统了。"[①]

这里朗宁使用归谬反驳,揭露对手的自相矛盾。

驳斥此类诡辩,只要能把诡辩的矛盾之处揭露出来,辩论的结果就自明了,这无异于给诡辩者以当头棒喝,使其处于尴尬难堪境地。

三、言辞为术

成功地驾驭语言,敏捷地展开思维,利用语言所特有的表达功能,置诡辩于无情的嘲讽之中,虽无疾言厉语,却能在诙谐、幽默中体现睿智。巧妙地遣词造句,利用语言的等义特征,借助语言的多义性、模糊性、歧义性,对诡辩者还以颜色。例如:

一次,苏联著名诗人马雅可夫斯基在发表演讲时,一个矮胖的人挤到演讲台上来,指斥诗人的演讲带有极大的偏见,并叫嚷道:"我应当提醒

---

① 谭大容:《笑话、幽默与逻辑》,第240页。

你,拿破仑有一句名言:'从伟大到可笑,只有一步之差'……"马雅可夫斯基看了看那人与自己的距离,用赞同的口气说:"不错,从伟大到可笑,只有一步之差。""一步之差"既可以虚指,也可以实指。对马雅可夫斯基演讲不怀好意的人使用的是它的虚指,马雅可夫斯基巧妙利用其多义的特征,故意使用实指,对论敌进行了辛辣的嘲讽。

自然语言大都具有模糊性的特征,或者说并非句句精确。一般情况下,这种模糊的存在是正常的,不会影响人们的正常交际,诸如一些形容词。但是,在有些场合,不要说形容词,就是本来具有精确特征的数量词也可能成为一个模糊的概念的表达者。我们可以利用自然语言的这种特征对诡辩者施以还击。莎士比亚的《威尼斯商人》中关于"一磅肉"的争论就是把模糊的"一磅肉"概念故意地无限上纲式地精确化,使其成为一种人工难以实现的概念,从而为威尼斯商人开责:"约上并没有允许你取他的一滴血,只是写明着一磅肉;所以你可以照约拿一磅肉去,可是在割肉的时候,要是流下一滴基督徒的血,你的土地财产,按照威尼斯的法律,就要全部充公……你准备动手割肉吧。不准流一滴血,也不准割得超过或是不足一磅的重量,要是割下来的肉,比一磅略微轻一点或是重一点,即使相差只有一丝一毫,或者仅仅一根汗毛之微,就要把你抵命,你的财产全部充公……"

四、巧避"复杂问语"

"复杂问语"是指在论辩过程中一方向另一方提出包含某种错误假设或不正当用心的问话。利用"复杂问语"进行诡辩也是诡辩者常用的伎俩,而且带有"明显的故意"的特征,稍不留神,便会使人落入圈套,成为"诡辩"的牺牲品。对付如此诡辩,就是要从对方的陷阱边上跳过去或者绕过去,当然最好的办法就是否定"复杂问语"中的"虚假预设"。

法官断案经常使用这样的问语:"你是如何作案的?赶快从实招来!"老师批评学生也会使用这样的问话:"你怎么又迟到了?"这些都属于复杂问语,这些问话都包含未被证实的虚假预设,因此对这些复杂问语不能直接回答"是"或"否",而要根据具体情况做出相应的回答。

五、归谬引申

"归谬"是一种间接反驳的方法,往往借助引申出的论题来达到反驳的目的。这是一种以退为进的反驳方法,是假定诡辩论题是正确的,然后引申出一个明显荒谬的说法,使人一望而知,使荒谬论题暴露无遗,从而达到驳斥诡辩的目的。例如:

① 现代著名爱国将领冯玉祥任陕西督军时,有两个外国人——美国人安德思和英国人高士林,在终南山猎获了四头野牛。冯玉祥责问他们:"你们不经过地方政府批准,私自行猎,是犯法行为,你们还不知罪吗?"安德思和高士林狡辩道:"我们这次到陕西,贵国外交部发给的护照上不是写着准许携带猎枪吗?可见我们打猎已得到了贵国政府的准许,怎么是私自行猎呢?"针对这两个外国人的诡辩,冯玉祥反驳道:"准许你们携带猎枪,就是准许你们随意行猎吗?若是准许你们携带手枪,难道你们就可以在中国境内随意杀人吗?"

② 作家唐弢在《琐忆》一文中写了鲁迅先生的一次谈话:"有一次,国民党的一个地方官僚禁止男女同学,男女同泳,闹得满城风雨。鲁迅先生幽默地说:'同学同泳,皮肉偶尔相碰,有碍男女大防。不过禁止以后,男女还是一同生活在天地中间,一同呼吸着天地中间的空气。空气从这个男人的鼻孔呼出来,被那个男人的鼻孔吸进去,又从那个女人鼻孔呼出来,被另一个男人的鼻孔吸进去,淆乱乾坤,实在比皮肉相碰还要坏。要彻底划清界限,不如再下一道命令,规定男女老幼,诸色人等,一律戴上防毒面具,既禁空气流通,又防抛头露面……'"针对国民党地方官僚的荒唐行为,以及由此引申出的事实,鲁迅先生给予了详尽的渲染,生动风趣,使其荒谬之处尽在嘲讽之中,成为笑料。

六、实证

逻辑论证要求用真实可信的事实作为论据,而诡辩则往往对事实视而不见,因此,诡辩是经受不住事实检验的,用事实反驳诡辩也显得最为有力。正如苏联著名的逻辑学家维诺格拉多夫所说:"驳斥对方所提出的论题的最可靠最有效的方法,是用事实。"

毛泽东同志在针对艾奇逊所提出的"中国革命的发生乃由于人口过多"的荒唐诡辩时指出:"革命的发生是由于人口太多的缘故么?古今中外有过很多的革命,都是由于人口太多么?中国几千年以来的很多次革命,也是由于人口太多么?美国一百七十四年以前的反英革命,也是由于人口太多么?艾奇逊的历史知识等于零,他连美国独立宣言也没有读过。

华盛顿杰佛逊们之所以举行反英革命,是因为英国人压迫和剥削美国人,而不是什么美国人口过剩。中国人民历次推翻自己的封建朝廷,是因为这些封建朝廷压迫和剥削人民,而不是什么人口过剩。俄国人所以举行二月革命和十月革命,是因为俄皇和俄国资产阶级的压迫和剥削,而不是什么人口过剩,俄国至今还是土地多过人口很远的。蒙古土地那么广大,人口那么稀少,照艾奇逊的道理是不能设想会发生革命的,但是却早已发生了。"①事实胜于雄辩,更何况事实加雄辩,毛泽东同志的《唯心历史观的破产》一文用铁的事实、犀利的辩风把艾奇逊的诡辩驳得体无完肤。

七、推类

推类是以同类事物进行推论,它建立在同类的事物的事理、特征总是相同或相似的基础上,因此,以此事物之理就可以去推论彼事物之理。诡辩总是荒谬的,但由于其"诡",往往不易被察觉,如果借助同类的另一事物、事理明显荒谬来进行类推,常常可以使诡辩无处藏身,使"诡"成鬼。

例如,20世纪30年代,一个叫威尔斯的英国商人与香港茂隆皮箱行的老板签订了一份购货合同。合同约定:茂隆皮箱行为威尔斯制皮箱3 000只,货款总计20 000元港币,自合同签订之日起,一个月以内按质按量交货,如果逾期不能按合同规定的数量和质量交货,茂隆皮箱行必须向威尔斯偿付总货款的50％作为经济损失的赔偿。当茂隆皮箱行如期按质按量向威尔斯交货时,威尔斯却拒绝收货,理由是合同中明明写的是皮箱,而交付的却不是真正的皮箱,里面夹有木料。双方僵持不下,威尔斯提起诉讼,法院企图判茂隆皮箱行经理冯灿诈骗罪。万般无奈,冯灿聘请香港著名律师罗文锦为其辩护。在法庭辩论中,罗文锦从口袋里拿出一只金怀表,高声问:"请问法官大人,这是什么表?"法官答道:"这是金表,可是,这与本案有什么关系?"罗文锦说:"这是金表,可这块金表除表壳镀金以外,机件都是金制的吗?"听众席上众人异口同声:"当然不是!"罗文锦继续说道:"那么人们又为什么叫它金表呢?由此可见,茂隆的皮箱案,不过是原告无理取闹,存心敲诈而已。"经罗文锦如此推类,威尔斯哑口无言。最后法庭判处威尔斯诬告罪,罚款五千元。

罗文锦之所以胜诉,正得益于他的推类:由"金表并非全金"类推"皮

---

① 《毛泽东选集》(第四卷),人民出版社,1966年,第1399—1400页。

箱未必全皮"。事理相似,可接受度强,由此推彼,使推类具有了无可辩驳的说服力,对威尔斯的"无理取闹"式诡辩给予了有力的回击。

八、以毒攻毒

此法有两层含义。其一是用论敌的论据来证明敌论的荒谬,以子之矛,攻子之盾。例如,鲁迅先生在对梁实秋辩白自己不是资本家的走狗时即使用此法。梁实秋认为自己"不知道自己主子是谁",因而认为自己不是资本家的走狗。鲁迅就用他的"理由",证明了梁实秋不仅是资本家的走狗,而且还是资本家的乏走狗。其第二层含义是指用诡辩者的思维形式推出一个诡辩者自己也不能接受的结论,以其人之道还治其人之身。

又如,相传古希腊有一个智者普罗达哥拉斯,收了一个学生欧提勒士,向他传授诉讼。正式学习之前,师生二人订了一份关于学费的合同,约定,欧提勒士先交学费的一半,另一半等欧提勒士学成毕业后打赢第一场官司再交。可欧提勒士学成之后既不接受官司,也不交另一半学费。于是普罗达哥拉斯便起诉到法庭,并坚信自己必能得到另一半学费,其理由是:"如果我在这场官司中胜诉,那么按照法庭判决,欧提勒士要给我学费。如果我在这场官司中败诉,那么按照合同的约定,欧提勒士也得把学费给我。这场官司我或者打赢或者打输,总之,欧提勒士得给我学费。"名师出高徒,欧提勒士认为自己不会给老师学费,其理由是:"如果这场官司我胜诉,那么按照法庭判决,我不付给老师学费。如果我在这场官司中败诉,那么按照师生约定,我也不付给老师学费。我或者胜诉,或者败诉,总之不用给老师学费。"这就是有名的"半费之讼",谁在诡辩?师生都在诡辩,妙就妙在欧提勒士与老师犯了同样的错误,以诡辩对付诡辩,你要说我错,首先得承认自己错。

九、确定论题

论题是论辩双方争论的主题和中心,也是焦点,然而诡辩者在理屈词穷、理亏气短时总会采用转移论题、偷换论题的卑劣手法,企图转移视线,把水搅浑,造成我胜不了,你也赢不了的局面。

例如,鲁迅在《狂人日记》中对狂人有关吃人对不对的问题的精彩辩论:"……我便问他,'吃人的事,对么?'他仍笑着说,'不是荒年,怎么会吃人。'我立刻就晓得,他也是一伙,喜吃人的;便自勇气百倍,偏要问他。

第七章 诡辩与表达

'对么。''这等事问他什么。你真会……说笑话,……今天天气好。'天气是好,月色也很亮了。可是我要问你,'对么?'"

这是论辩的第一次交手,吃人者理亏心虚,难以招架狂人的咄咄逼问,只好偷换论题,转移视线,狂人马上发现了对方的诡辩伎俩,紧紧抓住论题不放:吃人"对么?"这样就使吃人者的诡辩成了被拆穿的西洋镜,无奈只好硬着头皮应战。

除了以上介绍的几种破斥诡辩的方法以外,还有很多破斥诡辩的技巧,可以说没有破斥不了的诡辩。只要是诡辩,总可以找到其反逻辑的一面;只要掌握逻辑的方法,就一定能破斥诡辩,使诡辩无处逃匿,无处藏身。

诡辩,作为一种论辩手法,只要人们的思维存在,它也一定会存在;因此,研究诡辩也就具有十分重要的意义。诡辩的产生是时代的产物,在一定程度上促进了古代文化的昌盛,正如黑格尔指出的那样:"通过他们(古希腊的智者学派),文化才开始在希腊出现。"其次,诡辩为人类理论思维的发展、进步提供了丰富的思想材料,是"整个人类思想发展的大圆圈(螺旋)上的一个圆圈"。第三,研究诡辩有助于人们更加精确地思想,实现从诡辩到真理的飞跃。正如列宁指出的那样:"辩证法曾不止一次地做过——在希腊哲学史上就有过这种情形——通向诡辩术的桥梁。"真理和诡辩有时只有一步之差,只有认清诡辩,破斥诡辩,才能坚持真理。

第八章　逻辑思维的物质载体与表达

逻辑思维同其他思维一样,必须有自己的物质载体,这就是凝聚着一定民族文化的语言。一定民族的语言是一定民族文化的历史积淀,从一定民族的语言我们可以看到一定民族那浩瀚的智慧大海。批判性思维也一样,也会因不同民族的语言而带来一定的差异性。

关于语言,有一个"巴别塔"的故事,《圣经·创世纪》第十一章说道:

>　　那时,天下人的口音言语都是一样。他们往东边迁移的时候,在示拿地遇见一片平原,就住在那里。他们彼此商量说:"来吧,我们要做砖,把砖烧透了。"他们就拿砖当石头,又拿石漆当灰泥。他们说:"来吧,我们要建造一座城和一座塔,塔顶通天,为要传扬我们的名,免得我们分散在全地上。"耶和华降临,要看看世人所建造的城和塔。耶和华说:"看哪,他们成为一样的人民,都是一样的言语,如今既做起这事来,以后他们所要做的事就没有不成就的了。我们下去,在那里变乱他们的口音,使他们的言语彼此不通。"于是,耶和华使他们从那里分散在全地上,他们就停工不造那城了。因为耶和华在那里变乱天下人的言语,使众人分散在全地上,所以那城名叫巴别(注:就是"变乱"的意思)。①

从这一段故事中,我们可见语言的重要性。我们在表达的过程中必须注意作为物质载体的语言的各种各样的特征和差别,以及语言在使用过程中的各种各样的变化和意义差别,才能使表达具有逻辑思维,才能取得良好的效果。

---

①　约翰·查菲:《批判性思维》,姜丽蓉等译,山西人民出版社,1989年,第146页。

第八章 逻辑思维的物质载体与表达

第一节 当心文字陷阱

作为语言的书写形式,文字既有形、音、义,又可以传之广远,历久弥新,比口头语言有着无法替代的重要作用。

然而,由于文字是记录语言的书写符号,是用心而成的,往往就体现了思维的缜密性,有时也就隐藏着陷阱。

著名的濠梁之辩,就体现了庄子与惠施二者对文字的精研:

庄子与惠子游于濠梁之上。庄子曰:"鲦鱼出游从容,是鱼之乐也。"惠子曰:"子非鱼,安知鱼之乐?"庄子曰:"子非我,安知我不知鱼之乐?"惠子曰:"我非子,固不知子矣。子固非鱼矣,子之不知鱼之乐全矣。"庄子曰:"请循其本。子曰:'汝安知鱼乐'云者,既已知吾知之而问我,我知之濠上也。"

"子非鱼,安知鱼之乐?"一个"安"字,既可以理解成"您不是鱼,怎么能知道鱼的快乐呢?"也可以理解成"你不是鱼,在哪里知道鱼的快乐呢?"由此,而使庄子、惠子这场论辩成为先秦逻辑史上最典型的诡辩例证,也成千古流传的论辩佳话。

汉字博大精深,从古文字到甲骨文、篆书、隶书、草书、楷书、行书,往往是一字多义;如果使用不当,在法律上很有可能引起纠纷,在辩说上极易成为谬误、诡辩。

古人经常玩弄一些文字游戏,从中显露出一字之异的不同情形和后果。诸"用刀伤人"与"甩刀伤人",前者为故意,后者为过失;"逸马毙犬"与"马逸毙犬",虽同为"毙犬",但一者为人驰马而使犬毙,一者为马驰而使犬毙,前者人是行为主体,而后者则马为行为主体。至于"屡败屡战"与"屡战屡败",语序轻轻一变,则意义完全不同;至于"竹苞""虫二""牧爱""壮观""极其广大"等所包含的意义又绝非一般人所能领会。这些"经典之作"虽有的是讼师幕僚师爷所为,有的是文人骚客所作,但都体现了创作者驾驭语言的睿智和深思熟虑,并使后人感慨文字的魅力与智者的智慧。至于把文字当作符咒,则更显示了我们古人对文字的顶礼膜拜了。

在法治社会的今天,文字的运用往往是财富的得与失。一张字条上写着"甲借乙人民币二十五万元,此据",但究竟是甲借给乙,还是甲向乙借,殊难分清,必须依靠一定的语境和常理才能理解和明断。又如甲持乙所写的"还欠款一万元"的字条,起诉至法院,要求乙方归还结欠的款项一万元,而乙方却在应诉中称该字条是指其已经归还了原欠款,因此,"还"之读音为"huán",还是"hái"就成了纠纷的焦点;因读音不同,意义天地有别。同样,"定金"与"订金",二者也非完全一样,"定金"系法律概念,定金在提供定金方违约的情况下能够被接受定金方没收,在接受定金方违约的情况下提供定金方有权要求接受定金方双倍返还,但订金却无此功能,在一定程度上,其仅仅是预付款而已。

《吕氏春秋·淫辞》记载:"秦赵相与约。约曰:自今以来,秦之所欲为,赵助之;赵之所欲为,秦助之。居无几何,秦兴兵攻魏,赵欲救之,秦王不悦,使人让赵王曰:'约曰,秦之所欲为,赵助之;赵之所欲为,秦助之。今秦欲攻魏,而赵因欲救之,此非约也。'赵王以告平原君,平原君以告公孙龙。公孙龙曰:'亦可以发使而让秦王曰:赵欲救之,今秦王独不助赵,此非约也。'"

如此一场论战,发生于秦赵之间的外交论争中,然其根源则在于双方签订的合约。双方签订的合约的内容埋下了双方各执一词的伏笔,倘若双方签订的合约规定得非常具体,非常缜密,虽辩才如公孙龙氏,恐也难能使秦无所措手足矣。

第二节 语言"游戏"

维特根斯坦把语言的使用看作"游戏",这个"游戏"玩得好,则得心应手,玩得不好,往往进退维谷,所以,进行批判性思维,也须熟谙语言的"游戏",以便熟练把握语言,准确思维。

一、语义流变

语言由于其本身所具有的意义,再加上使用过程中的语用信息,使得一定的词、语句在组合过程中,语义会产生很大的差异。我们要注意语义流变的这种情形。例如:

甲:乙,让我把我的爱人介绍给你。

乙(惊慌):对不起,我已经有女朋友了。

当一位年老教师对一位青年教师说:"×××,我给你介绍一位朋友"时,如果青年教师已有了女朋友,也往往会产生一定的条件反射式的反

对,因为他把"朋友"理解成"女朋友"或"男朋友",这就是语义流变所带来的语言问题。又如:

甲:你是人还是东西?
乙:我是人。
甲:那么你不是东西?
乙:什么,我不是东西?我为什么不是东西?
甲:你是个东西。
乙:是个东西?是个什么东西呀?噢,不!不!我不是东西……

在这则论辩中,"东西"本来仅指"物品",不具褒贬色彩,但当它与"不是""是个"等组合而成"不是东西""是个东西"时,意义便具有了鲜明的褒贬。诸如"人物""角色""味道"等言语也具有这样的特征。

二、为情造文

古人写诗作文,往往寄寓情思,所谓"诗言志"。一段文字,往往寄托了作者浓浓的情感,或褒或贬,或嬉或笑,或怒或骂。例如:

建安五年秋的一天,曹操正陶醉在打败袁绍的喜悦之中,忽报孔融有书信送来。打开一看,乃是歌颂曹操打败袁绍这件丰功伟绩的,曹操自是高兴,可其中有一句"武王伐纣,以妲己赐周公"的话令他很是费解。曹操自信熟读诗书,能诗善文,也深信孔融不会凭空捏造典故,便于第二天朝中以此句问众大臣,结果众大臣也不知此典所出。又过了一段时间,曹操与孔融相见,曹操又提及此事,问道:"公言'武王伐纣,以妲己赐周公',事出何书?"孔融看看曹操,半日才答道:"以今度之,想当然耳。"曹操一听,愣了半晌,没反应过来,而孔融却意味深长地一笑,扬长而去。良久,曹操如梦方醒,一顿足,差一点没气死过去。原来孔融在这里讥讽曹操"寡人之疾"的毛病又犯了。事情出自曹操打败袁绍,俘获了袁熙之美妻甄氏,当时即惊为天人,立意要纳为己妾。不意却被儿子曹丕抢在前头,占其为妻。操虽有恨,却又无法说出。孔融的"以今度之,想当然耳",使曹操联想到自己与曹丕争甄氏的事。武王伐纣怎么可能把祸国殃民的妲己送给辅佐周朝的贤臣周公呢?如此一想,孔融用假典故的意图也就昭然若揭了,这怎么能不令曹操顿足而气得发昏呢!

与此相同,《过秦论》《六国论》也都有此深邃用意。我们以王安石的《桂枝香·金陵怀古》词来看看古人是如何为情造文的。不妨以批判性思维的思考方式来理解这首词：

"登临送目，正故国晚秋，天气初肃。千里澄江似练，翠峰如簇。征帆去棹斜阳里，背西风，酒旗斜矗。彩舟云淡，星河鹭起，画图难足。念往昔，繁华竞逐。叹门外楼头，悲恨相续。千古凭高，对此漫嗟荣辱。六朝旧事随流水，但寒烟衰草凝绿。至今商女，时时犹唱，《后庭》遗曲。"

王安石这首词借既往六朝古事抒发自己对时事的感慨，含意深刻，令读者读词之后恍然大悟，原来作者是"借典讽喻"。

司马光在《迂叟诗话》道："古人为诗，贵于意在言外，使人思而得之。近世诗人，惟杜子美最得诗人之体。如《春望》：'国破山河在，城春草木深。感时花溅泪，恨别鸟惊心。''山河在'，明无余物矣。'草木深'，明无人矣。花鸟，平时可娱之物；见之而泣，闻之而恐，则时可知矣……"

三、声调变化

汉语声、韵、调三位一体。同样一个音节，会由于声调的不同而表达不同的语义。例如：

从前有一剧场举办落成典礼，请地方官来看戏。这个地方官抬头一看，横额上写了四个大字——更俗剧场，不禁眉头紧皱，摇头晃脑，很不高兴地说："更俗更俗，俗上加俗，俗不可耐，这个名字不好，更改！"剧场主人正欲辩解，他已拂袖而去。过了几日，地方官又来看戏，看见匾额依旧，不禁大为恼火："叫你们更改剧场名称，为何迟迟不办？"剧场负责人急忙上前辩解："报告领导，名称已遵令更改了，上次您看到的是更（gèng）俗剧场，今天看到的是更（gēng）俗剧场，更俗者，移风易俗也。"地方官无言以对。

四、语句停顿

说话时，把其中关键性的部分暂时保留一下，不一口气说出来，有意使对方产生歧义或疑虑，然后再把关键的部分说出来。对待如此语言，也要用批判性思维的眼光分析之。例如曾流行的这样一则笑话：

我是县委书记——派来的，你们每人发一杆枪——那是不可能的。
又如：

① 某单位调整工资以后，在一次总结大会上，一位领导在做报告："这次调整工资，极大地调动了职工的积极性，加了工资的和尚，未加工资

的干部,都纷纷表示……"其实,正确的句读应该是:"……极大地调动了职工的积极性,加了工资的,和尚未加工资的干部,都纷纷表示……"

② 一位领导从来不自己动手写讲稿,总是照文宣读,在一次报告中,他照例又读起了讲话稿:"毛主席说,人的正确思想是从哪里来的?是人头脑里固有的吗?不是,是从天上掉下来的"该页演讲稿已结束,翻过另一页讲稿,赶紧加上一句:"吗?"如此读法,实在荒唐滑稽。

五、条件附加

条件命题就是有条件地对事物情况做出断定的命题。恰当地附加条件,可以使自己的思维、语言滴水不漏,具有逻辑性,从而体现思维的缜密性。例如:

有一次,伊索的主人酒醉狂言,发誓要喝干海水,并以他的全部财产和管辖的奴隶作赌注。次日醒来,顿觉失言,极为懊悔。但全城的人早已知道此事,等候海边,想亲眼看看他怎样把大海喝干。主人此时束手无策,只好求助伊索。伊索给主人出了一条锦囊妙计,主人依计而行,奔赴海边,面对着静候观看的人群高喊:"我说过要喝干大海的,可我要喝的是海水而不是河水,你们看,现在河水不停地流进大海,这就不好办了。假如有人能把河水与海水分开,我保证能把大海喝干。"

把"河水与海水分开"显然是附加的条件,正是由于这个条件的附加,伊索的主人也就摆脱了困境。

评价某一个人说:"到目前为止,还未发现其如何如何",也是一种条件附加;"就我所了解的情况看,××人如何如何",也是一种条件附加。前者是时间条件的附加,后者是范围条件附加,也可以说是地域条件附加。

六、意会性

汉语是一种意会语言,既然是意会语言,即"内心领会",也就具有主观成分,字面上的重要性大概就要相对减低。古人评诗有"诗无达诂"之说法,诗评家俞平伯先生说,"不求其解是解人也"。当读到"沉舟侧畔千帆过,病树前头万木春","相逢何必曾相识,同是天涯沦落人","野火烧不尽,春风吹又生","春蚕到死丝方尽,蜡炬成灰泪始干","洛阳亲友如相问,一片冰心在玉壶"等诗句时,我们内心所领会的绝不是这些诗句的表面字意。且不说诗中所写的意境有多美,仅就其所传达的言外之意而言,也不是人人都能领会的。比如杜甫的《遣怀》诗有云:"天风随断柳,客泪堕清笳;水静楼阴直,山昏塞日斜。"元代的赵汸对此评论道:"天风句下因上,客泪句上因下,水静句下因上,山昏句上因下。"翻译过来即"断柳因天风而摇摆,客泪因清笳而堕下,楼影因水的平静而无扭曲,山峦因塞上的斜阳而显得昏暗。"至于李商隐的《锦瑟》诗究竟所指为何,历来众说纷纭,莫衷一是。

再比如:

① 同样一个复句"下雨,我不来",可以是因果关系,也可以是假设关系,至于"你来,我来"则似乎更加复杂,用各种各样的连接词代入都可以构成一个非常合语法的复句。

② 杜甫的《秋兴八首》有一名句"香稻啄余鹦鹉粒,碧梧栖老凤凰枝",信息接收者须凭借逻辑关系把语义整理为"鹦鹉啄余香稻粒,凤凰栖老碧梧枝"。如果不使用意会手段,便不会准确地把握表达者的思想。

③ 20世纪50年代的报纸上曾刊载一篇报道(著名的语言学家吕叔湘还用其中的句子当作例子来说明语言问题),大意是一个单位主管文娱活动的同志当众发表:"明天'五一'游园会,女同志一律不准穿裤子。"自然引来了一片惊疑,甚至还导致了愤怒的抗议。可是当听到那位同志接着说"必须穿裙子或布拉吉"时,大家又都恍然大悟了。

④ 有一副挽联,是在窃国大盗袁世凯死时四川一位资望很高的学者写的:

　　袁世凯"千古"

　　中国人民万岁!

一副对联,理应上下联字数相等,可该联上联为五字,下联为六字。有人不解,问学者道:"'千古'对'万岁','袁世凯'对'中国人民',可'袁世凯'三个字,怎么对得起'中国人民'四个字呢?"这位学者笑着答道:"袁世凯乃窃国大盗,既然他对不起中国人民,我这对联也只能这么写呀!"如此一解,人们自然恍然大悟。但对联中的"对不起"并没有出现,需要细细揣摩、联想、推断,意会才能得到。

⑤ 有人评一试帖曰:"两个黄鹂鸣翠柳,一行白鹭上青天;上句是不解作何语(不知所云),下句是愈说愈远(离题万里)了。"钱锺书先生认为这是"以景物喻文境",这种"喻"非意会无法达其妙。

会意要依靠一定的语境,例如:

① 据廖静文同志的回忆,在一次旅行中,为了消除旅途的沉寂,大家讲起笑话来。有人请徐悲鸿先生也讲一个。他就讲了下面这则笑话:

从前一个大官,坐了轿子进城。可是夜色已深,城门紧闭。他的听差在城门下面威风凛凛地叫道:"王大人来了,快开城门。"守城门的卫士回答说:"拿个片子(即名片)来!"这个王大人听了,大动肝火,卫士居然敢向他要名片。于是他坐在轿子里大声嚷道:"片子(骗子)就是我,我就是片子(骗子),我姓王,王八蛋!"

原来是骂卫士的,却骂了自己。这个笑话,引起一阵哄笑。①

凭借意会,我们知道王大人肯定不是骂自己,那么这段话的意思自然就可以理解了。

② 据说旧时南京有一个笑话。有一家店老板,大年初一"开门大发",却发现家门口不知道谁拉了一泡大便。他忍气吞声地把大便扫掉,然后这样告诉老板娘:"我开开门来看,门口一泡大便,我吃了一惊(斤)。我要骂吧,人家要说我嘴臭(好骂人);不骂吧,我实在咽不下去。"

七、歧义现象

歧义是指一定的符号或符号串具有多种解释的性质。单独一个词无所谓歧义,即使这个词的义项多至上百个(如 logic)。只有在具体的动态的言语中,即信息的传递中,一个词、词组乃至句子可以有两种或两种以上的解释时,才会产生歧义。歧义是人脑对一组语言信号所表达的合乎规则、理应懂得的正常意义无法解码,因为该组信息可以有两种或两种以上的解释。例如"别担心,他的工作我来做",既可以指"别担心,他的工作我可以替他做",也可以理解成"别担心,他的思想工作由我来做通"。

歧义的产生主要有如下一些原因:

(1) 多义词的义项难以确定。如"母女俩走了三天了。""走"的常用项至少有两个,一是"步行",二是"离去"。在这个句子里"走了"指称的内容、意义无从确定,它甚至还可能是由"离去"义引申出来的第三个义项——"永别尘世"。

(2) 成分与成分之间的语义关系难以确定。如"英雄的母亲",到底

---

① 余仁:《徐悲鸿讲过的一则笑话》,载《乡音》,1983 年第 2 期。

是限定关系还是同一关系不清楚。

（3）成分与成分之间的结构关系难以确定。如"参加会议的党员干部都是层层选拔出来的"，"党员"与"干部"之间的关系既可以是并列关系，也可以是偏正关系。又如"妇女干部""知识分子干部""博士领导""他从不把教鞭胡乱地打在这个或那个学生身上（打还是没打？）"，等等。

（4）结构层次如何切分难以确定。如："咬死猎人的狗"，可以划分为"（咬死猎人的）狗"，和"咬死（猎人的）狗"。通常的"严禁携带危险品上车"，至少可以有如下的切分：

严禁　携带危险品上车

严禁携带　危险品上车

严禁携带危险品　上车

严禁携带危险品上车

又如："民可使由之，不可使知之"也有如下的切分：

民可使由之，（民）不可使知之

民可，使由之；（民）不可，使知之。

民可使，由之；民不可使，知之。

著名语言学家赵元任先生在《汉语的歧义问题》一文中列出歧义的表现方式有：

（1）词汇歧义与语篇歧义。一个词或更长的形式被用来构成实际语境中的一篇话或一篇话的一部分时仍然可以有多种理解。

（2）有意歧义与无意歧义。广告、专卖药的标签、合同或条约的例外条款、预言、算命先生的话等经常用这种方式构成，甚至一些外交场合也常使用有意歧义，如林肯曾这样回答指责他为"两面派"的论辩对手斯蒂芬·道根格拉斯："现在，让听众来评价看，要是我有另外一副面孔的话，您认为我会戴这副面孔吗？"

（3）程度高和程度低的歧义。

（4）语内歧义和语际歧义。

（5）同形字造成的歧义。不同停顿方式造成歧义：下雨天，留客天，留我不留？下雨天留客，天留我不留。等等。

（6）同音歧义，如徐迟《哥德巴赫猜想》中的"算了"。

（7）直接成分造成的歧义，如"礼拜一准回去"（礼拜一，准回去/礼拜，一准；回去）。

(8) 其他形式的结构歧义,如"法国委员会以十六对十五票通过了(加入北约),德国还不知道呢",一方面可指德国方面的投票结果尚不知道,另一方面可指德国不知道法国的投票结果。

八、精确与模糊

由于自然语言本身具有的模糊性特征,所以,很难说哪个词不是模糊的,即使是一些非常明确的数量词。例如:

鲍西娅:你必须从他的胸前割下这磅肉来;法律许可你,法庭判给你。

夏洛克:博学多才的法官!判得好!来,预备!

鲍西娅:且慢,还有别的话哩,这约上并没有允许你取下他的一滴血,只是写明着"一磅肉";所以你可以照约拿一磅肉去,可是在割肉的时候,要是流下一滴基督徒的血,你的土地财产,按照威尼斯的法律,就要全部充公。

"一磅肉"似乎是一个明确的概念,但实际上因其长在活人的身上,割不多不少正好的"一磅肉"又谈何容易,从而使明确变成模糊。

我们知道,在写作的过程中,尤其是在说明文的写作过程中,为了保证用语精确,通常都是使用模糊语词来达到这样的要求的,诸如"上下""大约""左右""差不多""接近""达到""有余"等语词。

这一点,在汉语中普遍使用的约数就具有非常重要的意义,诸如"三""六""九""十二""三十六""七十二""百""千""万"等。

九、反向表达

汉语中有些词语,单从它的字面是不能直接把握其意义的。范继淹先生指出:"……若干例子甚至很难说明究竟是什么语义关系,例如'养病''赔罪''生炉子''哭鼻子'……"[①]他指出"养病""赔罪"在句法上是动宾关系,在语义上的关系正好和这种动宾关系表层表示的意义相反。"养"有"饲养""培植""生育""保养""修养""护养"等义项,但无论哪一义项也不能适合"养病"这种句法结构。"(养)无论什么词义,带上宾语都表示使宾语所指的事物得到存在、发展或好处。可是'养病''养伤'无法照

[①] 范继淹、徐志敏:《关于汉语理解的若干句法、语义问题》,载《中国语文》,1981年第1期。

此类推,无论如何不是让'病''伤'继续存在、发展。正好相反,是把它消除。"①这种语义关系与表层表示的意义相反的现象就是反向表达,汉语词汇中可列举出许多具有反向表达特征的例子。

下面试以"救""请""吃""养""赔"等词素构成的词语为例加以分析:

救火:在火警现场进行灭火和救护工作　　救国:拯救祖国,使免于危亡

救荒:采取措施,度过灾荒　　救命:帮助解除生命危险

吃私:接受贿赂,增大私心　　吃饭:吃掉饭食

养病:因患病而休养　　养生:保养身体

养伤:因受伤而休养

请罪:自己犯了错误,主动请求处分　　请客:邀请客人吃饭

赔罪:得罪了别人,向人道歉　　赔礼:向人施礼认错

上面两组词语中,左边的例子是反向表达,右边则不然。从两者对比分析中,我们可以看出:第一,一个深层结构可以有两种动宾表达式。如"使火熄灭"的内在含义既可写作"救火",又可以写作"灭火"。"救火"与"灭火"在语法形式上同为动宾结构,但所用的动词素一个是"救",一个是"灭"。"救火"便构成了反向表达,它的真正的逻辑意义是"灭火"。"灭火"的语法形式同它的逻辑意义是一致的。② 第二,"救""养"等词素同其他名词性词素结合并非都构成反向表达。如"救国""救民"等都不是反向表达,我们不能用和"救"相反的词素替代"救"字,它们的语法表层与逻辑内涵的意义是一样的。

不仅动宾结构可以形成反向表达,有些"名+名结构"的两个成分之间也有这样的语义关系。人们在交际中,只接受反向表达表示的意义,而摒弃语言形式在字面上的意义。

例如:

火砖:防火用的耐火砖　(不是火的砖)

雨衣:防雨的衣服　(不是雨的衣服)

风衣:防风的衣服　(不是风的衣服)

---

① 范继淹:《范继淹语言学论文集》,语文出版社,1986年,第159页。
② 陈贤书:《"救火"的词素和词义》,见辞书研究编辑部:《疑难字词辨析集》,上海辞书出版社,1986年,第178页。

水鞋:防水的鞋子　(不是水的鞋子)
风镜:防风吹眼的眼镜　(不是风的镜子)
感冒药:治疗感冒的药　(不是产生感冒的药)

像这类的词语还有"风雨灯""风火墙""风帽"等。这类词语具有两个方面的特征:第一,偏词素是名词形式,动词意义;第二,这类名词多是为了求"简洁"省略而成,如"风镜"又可叫作"防风镜","太阳镜"是指"防太阳光刺眼的眼镜"。

方言中的一些词语,有时也构成反向表达。苏北东海县境内口语中时可听见"我爱拿你的东西","我爱跟你去"等句子,这里的"爱"都表示"不屑一顾"的意思。"爱"作为情态动词与动词相结合,使得语言形式与逻辑形式相矛盾。

不仅在词汇方面具有反向表达,就是在句子中也存在反向表达的现象。这种现象有多种表现方式。

(1) 句中用"不"字,例如:

① 夫妻二人,半世只生此女,一旦失落,岂不思想,因此昼夜啼哭,几乎不曾寻死。(《红楼梦》)

② 妇人道:"随你心下……常言道:'剪草不除根,萌芽依旧生;剪草若除根,萌芽再不生。'就是你也不耽心,老婆他也死心塌地。"(《金瓶梅》)

③ 你左右将到村里去卖,一般还你钱,便卖些与我们,打什么不紧?(《水浒传》)

④ 李小二应了,自来门首叫老婆道:"大姐,这两个人来得不尴尬。"(《水浒传》)

⑤ 现在是腊月天气,夜又长,朔风凛凛,侵肌裂骨,一夜几乎不曾冻死。(《红楼梦》)

以上诸例,从它的语法形式看,都是否定判断,构成"S——VP"结构,但它却与"S—VP"结构表达同样的命题,这种形式与内容的矛盾,具有明显的反向表达特征。对这些句子,只有分析它的逻辑形式,得到它的深层结构,才能把握原句的意思。

这种结构在先秦典籍中随处可见,《诗·文王》:"王之荩臣,无念尔祖。"毛亨《传》解为:"无念,念也。"《小尔雅》也解为:"无念,念也。"《论语·子罕》:"无宁死于二三子之手乎?"《朱熹注》及《马融注》并为:"无宁,宁也。"又《中庸》:"莫显乎微。"《小尔雅》注云:"无显,显也。"古音"莫"

"无"相近而通假,也同义。《诗·车攻》:"徒御不警,大庖不盈。"毛亨注曰:"不警,警也;不盈,盈也。"俞樾在《古书疑义举例》中列举了很多误解"不"字例,大都应看成反向表达。

现代汉语口语中也有很多这类"不"字例。如"他时刻不在努力学习","上次你来,很不巧我到外地出差去了","我时刻不在思念远方的亲人","我不一会儿就来"等皆是,它们的逻辑意义与去掉"不"字的句意完全相等。

在吴方言中,"勿"字组成的句式,有时也构成反向表达,如华君武的漫画《美育》上的题词:"阿囡好好画,练好了好上电视,电影厂拍电影,国际比赛得头奖,弄得勿好,爸爸靠你还好到外国白相白相。"①

以上是增"不"为反向表达例,在上古汉语中还有缺"不"为反向表达例。俞樾在《古书疑义举例·卷二》说道:"古人语急,故有以'如'为'不如'者。隐元年《公羊传》:'如勿与而已矣。'注曰:'如,即不如也。'有'敢'为'不敢'者。庄二十五年《左传》:'敢辱高位。'注曰:'敢,不敢也。'是也。"增加"不"字例是否定的语法形式表达肯定的逻辑内容,缺少'不'字例是肯定的语法形式表达否定的逻辑内容。

(2) 句中用"差一点"与"差一点+否定词"。

汉语中的"差一点"和"差一点不"在特定的语境中也具有反向表达特征。朱德熙先生在《汉语句法里的歧义现象》一文中认为在某些情况下:

差一点死了(没死)=差一点没死(没死)

差一点输了(没输)=差一点没输(没输)

差一点打破(没打破)=差一点没打破(没打破)

差一点摔一跤(没摔)=差一点没摔一跤(没摔)

"'差一点打破了'和'差一点没打破'意思一样,都是说没打破……概括起来说,'差一点打破了'和'差一点没打破',形式上一肯定(没有否定词)一否定(有否定词),但意思都是否定,都是说没打破。"②朱先生并为这两种情况总结了以下两条规律:

a. 凡是说话人企望发生的事情,肯定的形式表否定意义,否定形式表肯定意义。

---

① 王纬等:《中外幽默小品选》,江苏人民出版社,1983 年,第 204—205 页。
② 朱德熙:《汉语句法里的歧义现象》,载《中国语文》,1980 年第 2 期。

b. 凡是说话人不企望发生的事情,不管是肯定形式还是否定形式,意思都是否定的。

"差一点就没赶上汽车",看表面形式是没赶上汽车,其实说话人正安稳地坐在汽车上。对于这类句子,尤要多加分析,要从语境、说话人的思想感情及心理特征方面加以分析,否则只会望文生义,南辕北辙。

(3) 句中用"好不"。

在句中用"好不"和一些形容词结合,也具有反向表达特征。《现代汉语八百词》中指出:好＋不＋形容词,限于部分双音形容词,表示肯定的意思:

① 市场上好不热闹(＝好热闹)

② 他哭得好不伤心(＝好伤心)

但是,"好容易"和"好不容易"都表示"很不容易",跟上面的例子相反。

③ 找了半天,好不容易(好容易)才找到了他。

由例句①②,我们可以总结出"好＋不＋形容词＝好＋形容词"的规律,即用否定的语言形式表达肯定的逻辑内容。由例句③,我们可以总结出"好＋形容词＝好＋不＋形容词"的规律,无论是肯定的语言形式,还是否定的语言形式都表示否定的逻辑内容。

这类例子可以列举很多:

① 我的菩萨哥儿,我说作了好梦呢,好容易得遇见你。(《红楼梦》)

② 所以东拼西凑,好容易弄成这个数目。(《官场现形记》)

③ 找了半天,好不容易才找到了他,婆婆道:"你去见他便了,却如何在这里打转?"(《西游记》)

在《红楼梦》中"好＋不＋形容词"表示肯定意义的有:好不烦心,好不焦心,好不伤感,好不有趣,好不齐整,好不可怜见。

《官场现形记》中"好＋不＋形容词"表示肯定意义的有:好不荣耀,好不踌躇,好不为难,好不威武,好不乐意,好不自在,好不凄凉可惨,好不眼热。①

"好＋不＋形容词"先是表否定,后逐渐向肯定过渡,发展到今天,只有极少数双音形容词与"好不"结合表示否定意义;即使表示否定意义,也

---

① 袁宾:《近代汉语"好不"考》,载《中国语文》,1984 年第 3 期。

兼有表示肯定的意义，说明它的过渡还不彻底。因此，可以说，只要是"好＋不＋双音形容词"即具有反向表达的特征。

（4）句中用"除非……不……"。

"除非……不……"语句的结构，也是肯定的语言形式表示否定的逻辑意义，否定的语言形式表示肯定的逻辑意义。

① 除非男女双方同意，才能离婚。①

② 除非男女双方同意，不能离婚。②

③ 我非走不可！③

④ 我非走！④

⑤ 不让他去，他非去。

《逻辑与语言学习》1988年第5期《也谈"除非"与"除了"》一文认为："除非"是动宾合成词，"除"即"除了"，"非"即"不"。"除"或"非"都是对所指事物情况或范围的否定。"除"与"非"两字叠用，则构成了对所指事物情况或范围的双重否定（即肯定）。我们不同意这样的观点。首先，"除非"不是"动宾式合成词"，"非"很难讲是"除"的宾语。"除非"是复式虚词，正如"假使""藉第令"一样。其次，照这种观点分析，双重否定即为肯定，那例②就成了"男女双方同意，不能离婚"，显然这是讲汉语的人所不能接受的。再看以下两例，

⑥ 除了你去，别人不能去。

⑦ 除非你去，别人不能去。

张相先生在《诗词曲语辞汇释》中指出："除非是，假设一例外，以见其只有此也"……省去'是'字，则曰'除非'……省去'非'字，则曰'除是'……省去'非是'字，则只曰'除'。"由此可知"除了"与"除非"在逻辑上所蕴含的是等值的。在语言形式上，两者一个肯定，一个否定，但在逻辑形式上，它们所表达的意义是一样的。同样，"除非男女双方同意，不能离婚"与"除非男女双方同意，才能离婚"的逻辑意义也是一样的。

有些含有"非"字的语句，也形成反向表达：

⑧ 他非得去，不然会开不成。

---

① 高名凯，石安石：《语言学概论》，中华书局，1963年，第220页。
② 高名凯，石安石：《语言学概论》，第220页。
③ 高名凯，石安石：《语言学概论》，第220页。
④ 高名凯，石安石：《语言学概论》，第220页。

⑨ 小玲这孩子脾气犟不听话,不让她做的事她非做,让她做的事,她又不做了。

黎锦熙先生说:"'非……不可……'或'非……不行',方言中有把'不可''不行'省略的,于是否定的'非'径变成肯定的'必',如北语'必须去'有时作'非得去',这是因为语势急激,竟把后面的'不可'两字省掉了。"①

(5) 特殊的"动词+宾语"。

有些动词与它所涉及的对象(宾语)之间,由于语境的关系,也具有反向表达。这种情况通常被认为是病句,其实它只不过是反向表达的动宾式的扩展,体现人的反向思维:

① 人们来这里,只为恢复工作后的疲劳,随便喝点,要是袋里有钱。(茅盾《风景谈》)

② 张轨如道:"一来请小弟之罪,二来贺兄翁之喜。"(《玉娇梨》)

③ 请你打扫一下房间卫生,好吗?

不仅仅在汉语中具有这样的表达方式,就是在一些外语中,也能见到这样的例子:

④ Please dust the desk!(英语)

⑤ Sans doute.(法语)②

(6) 句中用"有日"与"无日"。

"有日"与"无日",从字面看意义是相反的,但它们在句中所表达的逻辑意义却是一致的,都表示某种事情的发生不需要很长时间了。

① 死丧无日,无几相见。(《诗经·小雅·頍弁》)

② 道德之归也有日矣。(韩愈《答李翊书》)

但是,"有日"与"无日"在句中不能互换。"有日"一般用于表示"吉庆"的事,"无日"则表示"坏事"。"有日"句句势宽缓,"无日"句句势急迫,例如:

③ 先轸怒曰:"武夫力而拘诸原,妇人暂而免诸国,堕军实而长寇仇,亡无日矣。"不顾而唾。(《左传·僖公三十三年》)

④ (诸葛)亮见权于柴桑,说权曰:"……事急而不断,祸至无日矣。"(《资治通鉴》第六十五卷)

---

① 黎锦熙:《新著国语文法》,商务印书馆,1955年,第138页。
② 伍铁平:《谈语言中不合逻辑的现象》,载《逻辑与语言学习》,1983年第6期。

如下的句子到底如何理解？

要你管	不要你管
了得	了不得
掉地上	掉地下
气死他	气不死他
烟头	烟屁股
我可想死你了	你可想死我了
完败	完胜
你怕是个傻子吧	你怕不是个傻子吧

十、汉字的拆合

汉字具有独特的符号形式，运用得当，则可使汉字的语用性能得到更大的发挥。

1. 拆字

皇帝与爱妃并坐赏月，皇帝兴起，吟出上联："二人土上坐"，妃子应口答道："一月日边明"。黄帝与妃嫔都是使用了汉字的拆合修辞手法，都准确地表达了他们不同身份和不同的心理活动情况。两个"人"和一个"土"构成一个"坐"字，这里的两个"人"是地位平等的，而一个日和一个月构成"明"字是说"月"因"日"而明，地位不平等。

又如：

① 明朝末年，闯王李自成兵临北京城下，大明江山岌岌可危，崇祯帝惶惶不可终日。李自成为了从心理上彻底摧毁崇祯皇帝，派出一位谋士，乔装成测字先生，在北京城设了测字摊，挂出招牌，上书"鬼谷为师，管辂为友"。一日，崇祯帝便装来到算命摊前，说要测国事。

崇祯："那就测'管辂为友'的'友'字吧！""反贼已出头矣！"测字先生摇摇头。崇祯帝不悦，解释说："不是这个'友'字，而是'有无'的'有'字。"算命先生惊叹："啊！大明江山去了一半。"崇祯帝更加懊丧，又改口说道："不是'有无'的'有'字，而是'子午卯酉'的'酉'字。"测字先生压低声音说："这个字更不吉利呀！我说给你听，千万不要外传，看来大明江山危在旦夕，至尊将无首无足矣！"

崇祯帝魂飞魄散。不久李自成攻陷北京，崇祯帝自缢。

② 相传一俄人曾用一对联来犯清廷："我俄人，骑奇马，张长弓，单戈

成战;琴瑟琵琶八大王,王王在上。"众大臣皆面面相觑,无言以对,唯纪晓岚当即续出下联:"尔你人,袭龙衣,伪为人,合手即拿,魑魅魍魉四小鬼,鬼鬼在边。"皆是拆汉字以成对文,情趣盎然。

2. 神智体

所谓神智体,是利用汉字字形大小,笔画多少,位置倒反以及排列疏密等手段作诗,常具有为难人的性质。如苏东坡曾作神智体诗如下:

长亭短景无人画,老大横拖瘦竹筇。

回首断云斜日暮,曲江倒蘸侧山峰。

3. 联边

某海神庙有对联云:

浩海汪洋波涛涌溪河注满

雷霆霹雳霭雯雾霖雨雱霏

这一副对联的上联所有汉字都是"水"作边,而下联所有汉字都是"雨"作头。

4. 同心

同心就是指对联的首字和尾字可以不一样,但中间几个汉字是一样的。

① 温州江心寺有一副门联,据说是宋朝王十朋所撰。联曰:

云朝朝朝朝朝朝朝朝散

潮长长长长长长长长消

② 无独有偶,孟姜女庙联曰:

海水朝朝朝朝朝朝朝落

浮云长长长长长长长消

③ 某豆芽店老板仅用一个"长"字就构成了一个对联:

长长长长长长长长

长长长长长长长长

5. 字阵

所谓字阵就是把一首诗摆布出一个阵势来,要遵照一定的规则顺序才能把原诗读出来。

机	时	得	到	桃	源	洞
忘	钟	鼓	声	停	始	彼
尽	闻	会	佳	期	觉	仙
作	惟	女	牛	底	斗	人
而	静	织	郎	弹	星	下
机	诗	赋	又	琴	移	象
观	道	归	冠	黄	少	棋

该字阵从中心的字"牛"字读起,依顺时展开,且取前一句最末一字的后半个,为下一句的第一个字,取法是:左右结构取右半个,上下结构的取下半个。照此读来便成:牛郎织女会佳期,月底弹琴又赋诗,寺静惟闻钟鼓声,音停始觉斗星移。多少黄冠归道观,见机而作尽忘机,几时得到桃源洞,同彼仙人下象棋。

十一、语句重音

重音是在语句中读得比较重、听起来特别清晰响亮的语音成分。一个语句中哪些成分应该读重音,位置一般比较固定,这种重音是语法重音。但在表达时为突出某种特殊的思想感情而突破语法重音的限制,把语句中的某些词语(成分)读得较重,从声音上加以突出,是为强调重音。例如:

男青年:你是我最好的恋人。

女青年:那么你不好的恋人是谁呢?

男青年的语法重音是"你",而女青年却巧妙将重音改换在"最好"上,便出现了上文足以将对方难倒的发问。又如:

甲:我的纯洁的爱情只献给你一个人。

乙:那你不纯洁的爱情给了谁呢?

十二、语序

语序是重要的语法手段,汉语的一个重要特征就是语序。我们在进行批判性思维时,要关注语言中的这种现象。例如:

屡战屡败——屡败屡战

其情可悯,其罪当诛——其罪当诛,其情可悯

查无实据,事出有因——事出有因,查无实据

大家不都同意老王的意见。——大家都不同意老王的意见。

第九章 言语交互行为的表达机制

"语言"与"言语"是一对紧密相关、互为因果的概念,按中国传统的说法,"言"即"语","语"可成"文"。中国传统文化中对于"言"的价值追求是向"文"的无限接近,"出口成章""口吐莲花""锦心绣口"等典故均表达了对言语行为实践价值境界的诉求。言语是人类相互交流的工具,在中文的日常使用中人们往往使用"语言"一词来涵盖这一交流工具的所有方面,正因如此,在"语言世界"中,如果对言语概念的层级和不同层级的功能与使用效应的研究不深,挖掘不够,就会造成各种类型的语言误解和交流障碍。

洪堡特在分析人类语言结构的差异及其对人类精神发展的影响时明确提出,"语言是通过讲话构成的,而讲话则是思想或感觉的表达。"[①]他所指的"讲话"实际是以一种回归语言原初状态的视角,强调在语言的具体使用过程中考察语言和思维、感觉的关系和交互影响。而本章所关注的"言语交互"与"表达机制"就是在同样的视角下,对当下言语交互行为的表达进行深入的分析。言语背后是深刻的文化传统绵延和"精神教养"传承,文化的走向和相对时间内的文化取向及民族精神创造力都对言语产生深刻影响。"一种语言所具有的独特的生命力存在于它的各个组成部分之中,渗透进了所有的语音要素。应当注意的一点是,形式领域并非语言研究者要讨论的唯一领域。语言研究者至少不应忘记,语言中还存在着某种更深层、更接近原始开端的东西,即使他无法认识这种东西,也必须对此有所察觉。"[②]因此,语言的使用主体在具体的言语交互行为实践中,对文化走向与民族创造力所决定的言语内容生成机制和言语交互的过程性表达机制的深入研究则成为避免语言误解、破除交流障碍的关键。

---

① 洪堡特:《论人类语言结构的差异及其对人类精神发展的影响》,姚小平译,商务印书馆,1999年,第197页。

② 洪堡特:《论人类语言结构的差异及其对人类精神发展的影响》,第198页。

西方语言哲学研究受语言转向的深刻影响,对于语言本体的研究与剖析带动了言语交互行为理论研究和言语交互实践水平的进步。在"语言转向"中,英美理想语言派的罗素、卡尔纳普、塔斯基等人认为,要深入研究语言的纯粹逻辑形式和功能,强调语言指称的准确性、表述的清晰性和意义的可证实性;而日常语言派的奥斯汀、塞尔及后期的维特根斯坦等则认为,要强化词语的多重含义、表述的间接功能、意义的延展性来消解语言的纯粹逻辑形式功能;他们更加关注言语行为与世界的关系,关注语言的意向性,关注主体的"语言游戏"。简而言之,他们的研究更聚焦于"言说"本身。正如海德格尔所言,"语言之生存论本体论的基础乃是言说。"[1]

瑞士语言学家索绪尔则从人类言语活动(langage)中明确地区分了语言(langue)和言语(parole)这两个不同性质的研究对象,他认为语言是一种表达观点、观念的符号系统。而言语则是言语活动的个人部分,它是人们彼此言谈的总和,[2]其中包括:(1)依赖于个人意志,反映个人思想的个人的组合,即句子;(2)同样依赖于个人意志,实现这些组合的发音行为。[3] 索绪尔还指出,语言研究可分为内部语言研究和外部语言研究。内部语言研究关注语言自身的结构体系,外部语言研究涉及语言与文化、民族、历史等人文语言环境要素的关系。从上述评析不难看出,随着对语言和言语研究的深入,西方学者不论是在语言的逻辑性与非逻辑语言的存在,还是在语言的内部结构本身和影响语言的外部因素等诸多涉及语言和言语的方面都有共识,但也存在很多分歧。

自索绪尔的语言学理论译介到中国后,国内学者也对语言和言语的概念和关系做了一系列讨论。20世纪60年代曾由南京大学方光焘先生和北京大学高名凯先生发起"语言和言语的大讨论",其中一个重要的议题就是"语言和言语是否具有阶级性"。当时许多著名的学者,如岑麒祥、朱星、戚雨村、李振麟、董达武等人参与了讨论,他们对"语言"内涵的认识比较接近,而对"言语"含义的理解分歧比较大,归结起来主要有三种代表性意见:(1)言语指言语动作;(2)言语指言语作品;(3)言语指言语的表

---

[1] 甘阳:《从"理性的批判"到"文化的批判"(代序)》,见卡西尔:《语言与神话》,于晓等译,生活·读书·新知三联书店,1988年,第19页。
[2] 索绪尔:《普通语言学教程》,高名凯译,商务印书馆,1980年,第30页。
[3] 索绪尔:《普通语言学教程》,第37页。

达方式。由于受到时代环境的制约,这次讨论没有得出最终的结论。1994年,范晓在《汉语学习》上发表的《语言、言语和话语》一文引发了国内学界第二次语言和言语问题的讨论。他针对20世纪60年代语言和言语讨论中形成的两种主要意见,提出自己独特的见解。他认为言语是一种行为,说(或写)出的句子叫话语,话语是由两个互相依存的部分组成的,一个部分是话语内容,也就是言语者表达的思想内容;另一个部分是话语形式,也就是言语者借以表达思想的形式,这种形式就是语言,这是一种现实的、具体的语言,是族语的个别形态,是族语的存在形式。他既不赞成方光焘的言语是"言语作品的表达形式"、语言是"从言语中抽象概括出来的"、语言和言语是一般和个别的观点,也不赞成高名凯的言语包括言语活动和言语作品的观点。他用语言、言语和话语三个概念赋予索绪尔语言和言语以新的内容,指出三者互相紧密地联系在一起:言语必须有语言,语言要通过言语才能发挥其表达和交际的功能,言的结果必然会出现话语,话语把言语的成果巩固下来,显现出来。从发生学角度看,言语、语言、话语三者同时产生,原始人第一句话(话语)的出现,标志着言语和语言的诞生,虽然那时的语言是十分简单而贫乏的。岑运强对范晓的观点提出异议,认为语言和言语是语言学中一对基本的矛盾,矛盾双方的科学术语并非都是单义性的,例如生产力与生产关系是人类社会的一对基本矛盾,它们双方的科学术语都不是单义的,如生产力包括人和生产工具。"一分为三"不如"一分为二"好。把言语的内容分为两个方面有以下一些好处:(1)比较符合索绪尔的原意;(2)比较符合"一般词语"的两个义项,即人们早已这么运用的习惯;(3)比较有利于言语的语言学的开拓。他对语言和言语的理解是:言语有两个含义,其一,言语就是讲话(包括写作),是一种行为动作;其二,言语就是所讲的话(包括所写的话),是行为动作的结果。概括起来言语就是个人讲话(写作)的行为与结果;语言是人们用以说(写)和存在于所说(所写)中的音义结合的词汇系统和语法系统。语言和言语之间是工具与工具运用的关系,这种说法更加符合动态与静态以及同质与异质的根本区分,也更加符合索绪尔的原意。[①]

从以上国内学者围绕索绪尔语言和言语理论的讨论中,不难看出,学者对语言及言语概念和关系的区分与认识存在分歧,在阐述中均提及言

[①] 岑运强、石艳华:《二十年来语言和言语问题研究述评》,载《汉语学习》,2008年第4期。

语的"行为"属性,但并未从"言语行为理论"的角度深入探讨。本章在基本厘清关于语言和言语的过往观念前提下,在传统"言语行为理论"的基础上,将重点关注"言语交互行为"的过程、层级研究,以逻辑直觉和情感直觉在其中的作用和运行机制为切入点,尝试从言语的整体性和实践性视角探究言语交互行为过程在不同层级中呈现出的表达规律和特点。

第一节　言语交互行为理论溯源

言语行为理论的先驱 J. L. 奥斯汀认为,使用语言是为了述说或描述事件和报道世界,话语可以和世界对照来考察其是否与事实相符,从而判定其真假。传统哲学家对语言本质的这一认识是不周全的,重要的是弄清楚"总的言语情景中的全部言语行为",[①]语言的重要功能在于完成各种言语行为。说话人的意图和对言外之力的理解成为他言语情景中的重要分析要素。他将言语行为分为:话语行为(locutionary act)——说出词、短语和分句的行为;话语施事行为(illocutionary act)——表达说话者的意图的行为;话语施效行为(perlocutionary act)——通过某些话所实施的行为的效果。他认为,这种分析将涉及交流的双方,涉及一个或多个主体言语行为的连贯和相互关系。约翰·塞尔在继承和批判奥斯汀的分析方法的基础上,进一步解释和区分了话语的命题内容和施事行为,从言语行为应满足的"合适条件"(felicity conditions),即从成功实施言语行为所必须满足的必要和充分条件——话语的目的(基本条件)、表现的心理状态(真诚条件)、话语与世界的关系、合适方向(先决条件)和命题内容(命题条件)[②]中抽象出施事行为的构成规则:(1) 命题内容规则,规定话语的命题内容部分的意义;(2) 先决条件规则,规定实施言语行为的先决条件;(3) 真诚条件规则,规定保证言语行为真诚地得到实施的条件;(4) 基本条件规则,断言行为规定言语行为按照规约实现某一目的的条件。[③] 在此基础上,塞尔又把施事行为划归成五类:断言行为(assertives)、指令

[①] J. L. Austin, *How to Do Things with Words*, Oxford University Press, 1962, p. 147.

[②] J. R. Searle, *Expression and Meaning*: *Studies in the Theory of Speech Acts*, Cambridge University Press, 1979, pp. 2 - 12.

[③] J. R. Searle, *Speech Acts*: *An Essay in the Philosophy of Language*, Cambridge University Press, 1969, pp. 66, 67.

行为(directives)、承诺行为(commissives)、表情行为(expressives)、宣告行为(declarations)。这些理论研究为早期言语行为的分析提供了解释模式和分析工具。

为了弥补早期言语行为理论在现代语篇分析和交际功能话语连贯性分析方面的不足,增强言语行为理论的解释力,后期学者拓宽了奥斯汀和塞尔理论言说的范畴,引入了"交互"(interactive)这一具有当代理论创新性和应用实践性的概念。埃德蒙森指出,在会话中每个参与者都在实施某个"言外行为",这个行为的实施过程应该带有话语交际的重要特点,即发话人的意图与听话人的理解相互联系和相互作用,称为"交互行为"(interactive act),"言外行为"和"交互行为"共同构成话语的基础。[①] 克雷格则认为,"言语行为"会影响交际中人们的思想,使发话人的意图与社会中其他"行为"互动或合拍,这也就形成了所谓"交互关系"或"交互行为";在会话中人们主要对"交互行为"进行反应,其次才是对"言语行为"进行反应。[②] 由此可以看出,言语交互行为的研究是在当代语言更重视主体的互动性和交际性的背景下应运而生的,理论本身更加关注言语交互行为发生的过程性和交互过程中言语内容结构的层次性。

第二节 言语交互行为的层级划分和表达直觉生成

海德格尔在《存在与时间》中谈及语言问题时说:"言说就其本身而言就是时间性的。"而言语交互行为本身就具有即时性和瞬变性的突出特性。具有了这样的特性,其规律性就更难把握,个中缘由在于现代言语交互行为实践中言语所具有的复杂的交互层级。在言语交互行为实践中存在着从交流到竞争,进而上升至审美层次的不同层级。(1)交流层级,即言语行动最基本的传递信息、交互沟通层级;(2)竞争层级,即言语博弈和利益互换层级;(3)审美层级,即信息与情感的双重传达与言语交互行为的艺术化层级。依此"层级论"出发,寻求研究言语行为实践的规律性

---

① W. J. Edmondson, *Spoken Discourse: A Model for Analysis*, Longman, 1981, p. 175.

② R. T. Craig, "Goals in Discourse", in D. G. Ellis, W. A. Donohue (eds.), *Contemporary Issues in Language and Discourse Processes*, Lawrence Erlbaum Associates, Inc, 1986, p. 65.

进路,可使交互主体在不同层级对言语交互行为进行科学的把握。

言语的即时性和瞬变性体现在言语交互表达过程中。传受双方在言语交互中具有强烈的共时性,否则就无法形成对话场。双方在场域内,言语的生成在瞬间完成,而且受到场域内各方的影响,可能发生不可预测的调整和变化,言语生成有赖于言语主体快速的反应机制和反馈系统。因为这种言语反应机制和反馈系统其自身的模糊性和不稳定性,所以,直觉思维将对言语生成起主导性作用。当代心理学研究将直觉思维分为三种不同类型:第一类是关注人际关系和情感交流敏感性的社会情感直觉,第二类是关注问题解决和任务决策的应用性直觉,第三类是关注预测未来能力的自由直觉。[1] 这种直觉思维的划分方式涉及人类主体的自我行动和创造行为以及群体交互行为,超越了单纯的直觉"感性说"和"初级原始说",客观理性地划分了直觉思维在不同情境和应用性背景下的作用机制。依此分类,在言语交互行为过程中,应用性直觉、自由直觉、社会情感直觉对于不同层级的言语生成都会产生不同的作用:应用性直觉将主导信息的传递交流和决策的产生,自由直觉则主导假设性言语和想象性言语,社会情感直觉在其中调节言语的应景度和面对不同言语对象的言语分寸。这种在长期的言语实践中形成的自成一体的言语感知交互体系,通常被称为语感或言语直觉。言语直觉使言语生成中的主体快速反应机制和反馈系统成为可能,而言语直觉则可视为逻辑直觉和情感直觉的交互产物。

第三节 言语交互行为中的逻辑直觉表达机制

何谓逻辑直觉?逻辑直觉在本章对言语交互行为的探讨语境中是指:在即时的言语生成过程中对言语结构和内容因果关系的直观性把握,它决定了言语生成内容的合逻辑性和言语效用发挥的合目的性。乔姆斯基在转换生成语法学说中将语言的结构分析分为语言能力和语言应用行动两个部分,与索绪尔不同的是,他更加关注语言的创造过程,并力求为语言的生成寻求严密的逻辑基础。他所假设的人所具有的"天赋语言能

---

[1] M. H. Raidl, T. I. Lubart, "An Empirical Study of Intuition and Creativity", *Imagination, Cognition and Personality*, 2000/2001, 20(3), p. 217.

力"理论,虽然遭到后期很多语言研究学者的批评,但他在语言的初期生成理论描述中,实际上倾向于人们在处理言语交互行为过程中的逻辑直觉系统和情感直觉系统所发挥的作用。逻辑直觉直接控制着言语生成的逻辑形式,而这种逻辑直觉的生成则有赖于人类主体长期言语交互行为实践中所积累沉淀的语言应用型经验,快速的言语反应机制则是建立在对惯常使用的逻辑形式的"自发性"判断和选择上,这种自发性的速度往往会超过言语主体的意识反应速度。当言语主体遭遇言语交互的具体情境时,大脑中会迅速形成新的"暂时神经联系"。根据巴甫洛夫等人的研究,这种新的"暂时神经联系"往往可以在大脑优势兴奋中心的边缘抑制区以"突然拓通"的方式形成,因此,主体就可能没有意识到形成的过程,而直接领悟出了结论。①

在言语传递信息和交互沟通的基本层级,逻辑直觉对于言语生成内容的控制呈现松散型特点。在此层级中,言语主体对于言语效应的目的是模糊的,换言之,言语主体对于言语生成内容所期望取得的言语效应并无明确的目标。如"今天天气不错!"传递了简单的信息,达到了交互沟通中的问候功用,但使用主体并无明确的功能预设和效果预期。这个言语层级的言语交互行为类似于奥斯汀在言语行为理论中使用的"phatic act"(发语行为)的说法。"phatic"一词是波兰裔英籍人类学家马林诺夫斯基首先使用的,指的是用于营造气氛和维持社会接触而不是用于交流信息或思想的谈话,如对天气的评论和询问健康状况的用语。奥斯汀借用这一术语是为了表示机械地说出一个语句而不知其意的谈话。②"不知其意"对于言语使用主体来说,有些言过其实,在言语交互行为的这个基础层级中,应该理解为"意在言外",即完成程式化交流或礼节性沟通,言之本意并不重要或居于次要位置。

在言语的言语博弈与利益互换层级,逻辑直觉对于言语生成内容的控制呈现紧密型特点。在此层级中,言语交互双方在有限时间的限定场域内,有争胜目的和利益需求,对言语所产生的效应具有明确的目标。因此,在相对有限的言语交互中,对话场域内的主体力求将言语的各部分功

---

① 孙伟平:《从爱因斯坦模式看逻辑思维与直觉思维的互补关系》,载《学术界》,1992年第5期。
② 杨玉成:《奥斯汀:语言现象学与哲学》,商务印书馆,2013年,第82页。

能发挥到最大值,对于由各部分组合所形成的整体言语系统所发挥的作用追求利益的最大化。逻辑直觉在这其中对于言语系统中的句序、词序和语段之间的逻辑关系及事实信息、观念信息、模糊信息等呈现共时性紧密控制,对有效信息及对方言语方式进行即时判断、推理和演绎论证,对交互信息中不同命题的有效性进行瞬间的判断和回应,以达到"一语中的""言之有理"的预期。如在谈判、辩论言语交互中,不同的言语主体在进行言语交互之前,都将进行言语内容材料的梳理和自我言语推进的逻辑论证准备,但在言语的对话场域中,原先的材料信息选取和逻辑论证推进程序将因对方的实际言语行动进行适时的调节与变化,这种"调节与变化"有赖于逻辑直觉的激发,对瞬间变化的言语场信息重新进行逻辑定位,从而生成全新的逻辑论证推进系统,保证言语效应的预期实现。如在电视谈话节目中,嘉宾或观众必然会有不同的观点从而产生争论,但主持人作为节目的引导者和组织者,一般都要控制言语场的争论情绪分寸和言语的舆论引导走向,使之不失去作为公共言语的理性的分寸尺度。在中央电视台《面对面·易中天:麻辣教授》节目中有这样一段对话:

王志:想到过这样一种效益吗?

易中天:哪一种效益?

王志:名利。

易中天:我就奇怪了,这个媒体呀!包括平面媒体,也包括你们电视台,还包括阁下,怎么都关注这两个字呢?这难道就是当今老百姓最关心的事?不会吧!

王志:可能跟我们平常心目中学者的形象有一个很大的反差。

易中天:意思就是说大家公认学者就该穷,是不是这个意思?

王志:还有一个动机的问题。

易中天:刚才你提到的那两个字:名和利,它是副产品,搂草打兔子的事,现在没看见我搂草,都看见我逮着兔子了。

以上对话中主持人王志的尖锐提问和易中天的睿智回答,核心问题阐述逻辑清晰,言语的博弈过程中,发语者步步深入,回答者巧妙应对,不断变化的言语场实现了言语效应的最大化。正如《剑桥语言百科全书》的作者、英国语言学家克里斯特尔所说:"成功的交谈不过是一种相互满足的语言交际,除了争辩和辩论之类型的交谈之外,谈话中不会有谁胜谁负的问题。"

在言语交互的信息与情感的双重传达及言语交互艺术化层级,逻辑直觉对于言语内容的结构层级控制呈现弹性机制。在此层级中,言语交互的对话场域内的双方或各方对于言语效应的目的性要求更为隐性,目的本质与上述两个层级中的有根本性区别,其目的性在涵盖上述言语层级目的的同时,往往具有公共性和示范性的价值诉求。对话场域内的言语主体的角色具有明显的"非个体化"特点,言语主体的身份和角色决定了言语交互的内容和方式,其言语内容更具公共性,言语方式更具示范性。这个层级类似于奥斯汀言语行为理论中的"话语施效行为"层次:"说话者在说了什么之后通常还可能对听者、说者或其他人的感情、思想和行为产生一定的影响。"[1]正如教师、主持人言语交互行为。言语主体的职业角色定位对其传递信息的质量和言语效应的预期实现有更高要求。在言语发话主体前期准备的逻辑论证系统推进方式相对充足的前提下,逻辑直觉对于对话场域内的另一方(接受主体)的认知水平、信息反馈及接受程度进行适时的弹性控制,并及时调整传递方式和表达内容的逻辑论证推进程序,以期对接受主体的感情、思想和行为产生影响。

第四节　言语交互行为中的情感直觉表达机制

情感直觉在本章对言语交互的探讨语境中是指,在即时的言语生成过程中对言语情感分寸和表达内容的直接性把握,它满足了言语主体对内容的情感性需求,并强化言语效用发挥及对言语对话场域内的主体的情感影响。情感直觉在言语交互中的功能与逻辑直觉不同,如果说逻辑直觉是面向言语主体对自我和自我表达的观照,那么情感直觉则是面向言语主体对他者和他者表达的观照。言语主体除了对言语对象的话语做出内容价值判断外,还对言语表达方式的恰当性产生相应的瞬间情感,并能够准确地把握对方所传递的各类情感。情感直觉既受到言语情境的制约,又受到言语主体情感识别偏好的影响,是言语主体以形象联想、模糊识别和情感活动为主的瞬间言语综合的心理反应。情感直觉对于言语中的情感因素进行分寸把握和程度判断,还有赖于言语交互中的情感体验实践和情绪感觉记忆。

---

[1] J. L. Austin, *How to Do Things with Words*. p. 101.

在言语交互行为过程中,情感直觉的运行机制大致为:言语交互方发出或接收言语信号,在主观情感偏好的影响下提取认知范畴内的信息价值,并依赖于主体自身在长时间社会组织交互活动中形成的情感控制惯性,从而确定在言语交互行为中传递情感的方式与强度,接收和处理言语表达所产生的反馈信号;从言语情感分寸的把握与识别到言语表达反应的方式选择,再到言语交互过程中的即时修正,以认知为基础、记忆为中介、意志控制为导向,在瞬间整合离散信息,完成整体性的言语交互行为。凭借情感直觉,言语主体可以在接受言语符号刺激的瞬间不加分析地直接把握住语言符号所表达的全部抽象意义和情感色彩,能够下意识地辨别词与词之间在意义和情感色彩上的细微差别,能够从语句或语段的开头预测出整体语句或语段的趋向。情感直觉在逻辑直觉发挥作用的同时,对事实性和观念性信息进行"二度创作",从而加强言语交互中的言语效用发挥,向更高境界的言语交互行为层级迈进。

第五节 结 语

言语交互行为是具有创造性的言语实践活动,它所关注的是言语行为的"正在发生"和"走向何处"。过往对言语交互行为的研究过多关注于言语行为的静态分析,而忽略了言语行为过程的动态研究,而在此动态过程中言语直觉发挥着重要的作用。言语直觉作为一种人类主体使用语言的应用型思维,是人脑对思维迅速指向客体对象(听话人身份识别、被描述实体、事件及言语交互本身)的核心及其交互关系的即时性突发式判断和反应,其特征在于生成言语内容(段落布局、句式排列、用词选择、语态调节)的直接性。言语交互行为过程中言语应对的时间性要求和互动言语场域的形成有赖于"言语的直接性",而这种言语交互的直接性则有赖于交互主体对逻辑直觉和情感直觉的把握和应用。对于言语交互中的逻辑直觉和情感直觉的研究有利于提高人类主体言语交互的层次和语言应用水平。

第十章　会话含义与表达

20 世纪 50 年代以来,语言哲学家开始将言语作为人类的一种行为来看待。这一行为需要具备几个要素:说话者、听话者、说出的语句和语境;结合这四个要素,参与会话的双方获得会话信息并做出相应的反应。

在本章当中,我们将围绕会话如何产生和如何进行这两个方面进行阐述。

第一节　会话的产生

一、合作原则

通常所讲的会话是指需要有两个或两个以上的参与者进行的言语和思想交流,不包括自言自语这类特殊情况。那么,这些参与者是如何使得会话产生的呢?有很多学者给出过解答,其中影响最大的是格赖斯的"合作原则"。

在格赖斯看来,

> 我们的谈话通常不是由一串互不相关的话语组成的,否则就会不合情理。它们常常是合作举动,至少在某种程度上;参与者都在某种程度上承认其中有一个或一组共同目标,至少有一个彼此接受的方向。这个目标或方向可能是在开始时规定的,也可能在谈话过程中逐渐变化;它可能是比较确定的,也可能不太确定,参与者有较大的自由。但是在每一个阶段,总有一些可能的会话举动会被认为不合适,而遭到排斥。因此,我们可以提出一个初步的一般原则,参与者一般都会遵守。那就是:使你的话语,在其所发生的阶段,符合你参与的谈话所公认的目标或者方向。①

---

① 姜望琪:《当代语用学》,北京大学出版社,2003 年,第 59 页。

他把这称为"合作原则"(cooperative principle)。

合作原则解释了为什么一次对话可以顺利完成,所谓的"合作"就是指说话双方为着共同的目的而努力的行为,这个共同的目的也是交际继续下去的前提。这一点不难理解。

二、语境

任何会话在它产生之时或产生之前,语境就已经存在了,所以,谈到会话,必然离不开它所在的语境。

会话都有确定的场合,确定的参与者,确定的话题,这些都是交际顺利进行的不可或缺的因素,也就是语境。参与交际的人也必须对这一情况有着明确的认识,才能够对会话的顺利进行做出贡献。这里所说的语境是指语用语境,其中除包含了语义语境的因素外,还包含了更多的内容。语境有哪些因素,学者们各有说法,笔者认为何兆熊先生于1989年提出的分类概括得较为全面。

语境因素:

1. 语言知识

(1) 所使用的语言的知识(包括副语言成分)。

(2) 对语言上下文的了解。

2. 语言外知识

(1) 情景知识:

a. 交际活动的时间、地点

b. 交际的话题

c. 交际的正式程度

d. 参与者的相互关系

(2) 背景知识:

a. 特定文化的社会范畴

b. 会话规则

c. 关于客观世界的一般知识

d. 参与者的相互了解

周礼全先生对语境的概括也十分细致,他将语境分类为:

1. 一句话语的语境 C_0

(1) 当前情景:谈话时说话者和听话者能直接感知的事物和事态。

a. 说出一句话语的时间

b. 说出一句话语的地点

c. 话语的说话者和听话者

d. 其他的当前能直接感知的事物和事态,特别是说话者的面部表情、身体姿势等

(2) 上下文:会话中说出一句话语之前或之后出现的话语。

(3) 一句话语涉及的事物和事态:包括说话者当前能直接感知的事物和事态,也可以包括时空上遥远的事物和事态;包括现实世界的事物和事态,也包括想象的或虚构的事物和事态。

(4) 说话者的情况:包括说话者的历史情况和目前情况,特别是当前的思想感情状况。

(5) 听话者的情况:包括听话者的历史情况和目前情况,特别是当前的思想感情状况。

2. 说话者所认识的语境 C_S

是一个命题集合,其中任一命题都是关于 C_O 的命题,并且是说话者所知道、接受、相信的命题。

3. 听话者所认识的语境 C_H

是一个命题集合,其中任一命题都是关于 C_O 的命题,并且是听话者所知道、接受、相信的命题。

4. 说话者和听话者所共同认识的语境 C_{SH}

是一个命题集合,其中任一命题都是关于 C_O 的命题,并且是说话者和听话者所共同知道、接受、相信的命题。

不难看出,以上四个命题的集合常常是相交的。

需要注意的是,在一次谈话中,语境总是不断发生变化的。随着谈话时间的延长、内容的增多、谈话者思想感情的变化,语境会跟着不断变化。

第二节 会话的进行

一次会话是如何能够顺利进行并最终取得成功的呢?国内外很多学者给出了不同分析。不难理解的是,在一次会话中,双方除了有进行会话的意愿外,还需要不断地把握对方所传达的信息并据此结合自己的会话目标给出回应。信息由语言载体进行传达,包括文字语言、身体语言等。

说话者所传达的话语信息包含了两个部分,一部分是话语的言说内容,一部分是话语的隐涵内容。话语的言说内容就是构成话语的语词的意义加上语法规则所直接表达的部分,话语的隐涵内容则通常与构成话语的语词意义联系不大,甚至相反,指话语的言外之意,弦外之音。

言语行为理论中有一条重要的原理——可表达性原理,即"对于任一意思 X 和任一说话者 S,在任何时候如果 S 要意谓 X,那么就可能有某个表达式 E,使得 E 是 X 的一个准确的表达式或者公式。"[①]也就是说,人们可以用直接明了的话语表达出任何自己想要表达出的信息。这一原理并不否认在我们的语言交际过程中会出现一时难以表达的情况,但给予说话者一定的时间,他总能表达出准确的信息。虽然根据可表达性原理,人们可以准确地表达出自己要传达的信息,但在实际的日常语言交际过程中,人们往往会因为某种原因把话语说得婉转一点、礼貌一点、隐晦一点。

比如,某人想让其他人去关门,很少会发出命令"去把门关上!"而很可能会说"我感觉好冷啊,是不是门没关呢?"在文学作品中,这样的例子更是数不胜数。在《红楼梦》第三十回中,贾宝玉问薛宝钗为何不继续看戏,薛宝钗道:"我怕热,看了两出,热得很。要走,客又不散。我少不得推身上不好,就来了。"看似一句无风无浪的话,其实是因宝玉之前推脱自己病了没去参加薛蟠(薛宝钗哥哥)的宴会,借机表达出的不满。所以宝玉在听了宝钗这话后,"自己由不得脸上没意思"。卞之琳的《断章》一诗:"你站在桥上看风景,看风景的人在楼上看你。明月装饰了你的窗子,你装饰了别人的梦。"通俗易懂的几句诗,营造了一种优美的略带伤感的意境,而这种意境也不是直接由诗句的字面意义所传达的,而是一种会话隐涵。

一、会话含义(隐涵)

为了说明人们在交际过程中怎样互相合作以及如何理解表达者的话语意图,格赖斯在提出合作原则之后,又提出了四条准则,分别是量准则、质准则、相关准则和方式准则。具体内容如下:

量准则:(1) 使你的话语如所要求的那样信息充分

(2) 不使你的话语比所要求的信息更加充分

[①] 周礼全:《逻辑——正确思维和成功交际的理论》,第 411 页。

质准则:(1) 不要说自知虚假的话语
(2) 不要说缺乏足够证据的话语
关系准则:所说的话语要有关联
方式准则:(1) 避免含混不清
(2) 避免歧义
(3) 要简短、避免冗长
(4) 要有序

总的来说,就是要求在谈话中说出的话语应当明确地提供真实可靠的、有关的最大量信息。但在实际会话中,并非完全遵守这四条准则。

格赖斯于 1967 年提出了隐涵的概念,随后隐涵理论就成为语言逻辑学家的重要研究课题。格赖斯认为,在人们的谈话中,说话者所传达的意义可以分为两个部分:一是话语的言说内容,一是话语的隐涵内容。违反合作原则会产生隐涵,不违反合作原则也会产生隐涵,格赖斯将后者称为利用合作准则。他对会话意义的区分可以表示为:

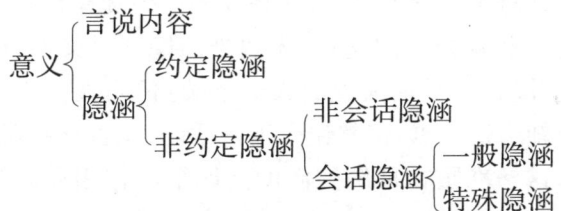

其中,言说内容就是指通常所说的真值条件的内容,约定隐涵就是根据话语中的语词和语句的约定意义得出的隐涵。话语的言说内容和约定隐涵都是话语的约定意义,话语约定隐涵之外的隐涵就称作非约定隐涵。非会话隐涵指由美学的、社会的或者道德的原则和准则得出的隐涵,会话隐涵指由合作原则及其准则所得出的隐涵。格赖斯的隐涵理论主要讨论非约定隐涵中的会话隐涵。例如:

1. 违反量准则产生的隐涵

A:Do you know where John lives?

B:Yes, I do. he lives on the earth.

B 的回答没有提供给谈话目的足够的信息量,违反了量准则的第一条,通常情况下,隐涵了 B 不愿告诉 A John 的住处或不知道 John 的住处。

A:Where is Mary?

B: She has gone to the library. She said so when she left.

B的回答超出了A所要求的信息量,一般隐涵Mary到底去没去图书馆还是有争议的。

2. 违反质准则产生的隐涵

You are the cream in my coffee.

说话人明知在真实的世界中一个人是不可能成为奶油的,这样说隐涵了听话人对说话人来说很重要。很多修辞手法都可以归到这一类,比如隐喻、夸张、反语等。

至于质准则的第二次则,没有找到合适的例子,但是按照格赖斯的合作原则,人们抱着合作的态度进行对话,有必要不说自己不相信为真的话,以达到交际的目的。然而事实上,当人们说出缺乏足够证据的话语时,涉及的就不再是隐涵,一般可以看作说话人在撒谎。有些学者举出涉及宗教的例子力图说明这一准则的合理性,如:"上帝是全智全能全善的。"在听话人不是基督教徒的情况下,这句话对他来说就是缺乏足够证据的,但是这句话对于说话人来讲,却是其相信为真并且有足够证据的,对话双方没有在此认知上的交集,无法推出隐涵。又如,说话人在知道明天阴天的情况下对听话人说明天会下雨,但阴天并不一定会下雨,说话人自己也知道这一点,仍然说出这一话语,是否存在隐涵?很难判断。正因如此,这条准则在理解隐涵的问题上的作用还需要再讨论。

3. 违反关系准则产生的隐涵

A:张先生新娶的老婆是个美人。(某葬礼上)

B:哦,王先生生前是个受人尊敬的人!

在这个例子中,B对A的话没有给予答复,而是说了另外无关的话题,违反了关系准则,结合语境,B的话语隐涵A的谈话内容是不合时宜的。格赖斯所阐述的关系准则很模糊,没有确定的界线,虽然他自己也意识到这个问题,但是大概由于面临的问题较多,他并没有做更深一步的探讨。他曾在解释这一准则时表述道:"虽然这个准则本身很简短,它却掩盖了许多令我惶恐不安的问题:有哪些不同种类、不同焦点的关联性?这些种类和焦点在谈话过程中是如何演变的?应该如何解释会话主题的合理变动？等等。"①

4. 违反方式准则产生的隐涵

① A：Let us get the kids something.

　　B：Okey, but I veto I-C-E C-R-E-A-M-S.

这个例子是违反"避免含混不清"这一准则的典型，B的回答隐涵了不能让孩子听懂他们对话的信息，以免孩子要求冰淇淋。当然前提是孩子不懂冰淇淋的英文拼法。

② Never seek to tell the love, love that never told can be.

这句话中的"love"意思不确定，可以指"爱人"，可以指"爱情"，"love that never told can be"可以解释为"无法诉说的爱"，也可以解释为"一旦说出来，就不复存在"，所以这一句话的意思就有好几种，而没有哪一种解读比其他的解读更直接，所以说话者用这种有歧义的说法就是要表达几种不同的意思。

③ A：Miss X sang "Home sweet home".

　　B：Miss X produced a series of sounds that corresponded closely with the score of "Home sweet home".

这个例子违反了"要简短"这条准则，B表达的言外之意就是X唱得不怎么样。

至于方式原则中的有序原则，格赖斯没有给出合适的例子，但是这个例子可以从我们的汉语词汇中找到，比如，"屡战屡败""屡败屡战"这两个词，因为词的顺序不同所以传达的意思也就不同。

不违反准则也可以产生隐涵，例如：

A：I am out of petrol.

B：There is a garage round the corner.

B的话语隐涵了"在拐角处的汽修站可能有汽油卖"。这样的会话隐涵又称为标准会话隐涵。

格赖斯提出的"隐涵"概念开拓了语言学研究和语言逻辑学研究的新视野，"合作原则"及其准则的提出可以说为隐涵的研究指明了一个基本的方向。它们分别从话语的质量、数量、关系和方式方面做出分析，大体

---

① Grice, "Logic and Conversation", in P. Cole and J. Morgan (eds.), *Syntax and Semantics*, Vol. 3, Academic Press, 1975, p. 46.

描述了人们日常交际中的行为,部分概括了产生隐涵的几种情况,因而格赖斯认为他的原则是描述性的原则。然而在日常语言中,对话并不总是按照上述几条准则进行的,在绝大多数的非正式场合中,准则都是不起作用的。并且,准则并无规范性可言,因为礼貌、得体、委婉等交际需要,完全遵循准则是不可能实现的。而对于产生什么样的隐涵,怎样获得隐涵的正确内容,这一原则是无能为力的。合作原则的普适性、解释力远远不能达到自然语言的要求,正因如此,在合作原则之后,各种新的学说发展起来,从不同的方面对合作原则进行了"援救"工作。

针对合作原则的不足,霍恩提出了 Q 原则、R 原则,莱文森提出了 Q 原则、I 原则、M 原则。因为两人的理论是建立在格赖斯合作原则的基础之上的,几条原则与格赖斯的准则也颇为相近,所以一般被统称为"新格赖斯理论"。

二、霍恩的两条原则

Q 原则(quantity maxim)(基于听话人的):你的话语要充分(参照格赖斯第一数量次则),说得尽可能多(在符合 R 原则的前提下);

R 原则(relation maxim)(基于说话人的):你的话语应是必要的(参照格赖斯第二数量次则、关系准则、方式准则),只说必须说的(在符合 Q 原则的前提下)。

霍恩的两条原则要求人们在谈话的过程中给出的信息量不多不少,恰到好处。但是在实际的交际过程中,人们并不总是给出恰到好处的回答,如何根据 Q 原则、R 原则判断人们给出的信息呢?为了解决这一问题,霍恩首先提出了"语言等级"(linguistic scale)这个概念。

> 一个语言等级包括同一语法范畴的一组可替换词语(alternatives),或对立成分,并按信息量程度(degree of informativeness)或语义力度(semantic strength)排列。这种等级将采用下列由语言表达式,或等级谓词(scalar predicates)e_1、e_2⋯、e_n 组成的有序集合的形式$<e_1、e_2、⋯、e_n>$。如果我们把 e_1 或者 e_2 等代入句子框架 A,我们就得到一个合格的句子 $A(e_1)$、

$A(e_2)$,而且 $A(e_1)$ 推衍 $A(e_2)$,$A(e_2)$ 推衍 $A(e_3)$,而不是相反。[①]

比如下面的一组语言有序集合〈all, most, many, some〉,将其代入下面的句子框架,分别为:

① All of them went to the film.
② Most of them went to the film.
③ Many of them went to the film.
④ Some of them went to the film.

其中,如果说话人说了①,那么则可以推衍出②③④,但是反过来则不行。按照霍恩的原则,说话人须提供足量的信息,那么如果说话人说了②,则意味着更强的表述①是不成立的。可以表示为:①→②,②→ ¬①,其余同理。

Q 原则是下限原则,用来推导上限隐涵,推导出的 Q 隐涵具有否定特性,"至多是 P";R 原则是上限原则,用来推导下限隐涵,传递相关强项强式的意义,"不只是 P"。例如:

① X is meeting a woman this evening.
② I broke a finger yesterday.

①一般被理解为 X 是去见一个母亲、妻子、女儿之外的女人,②却一般被理解为伤了自己的手指。为什么"a woman"被理解为其他的,而"a finger"就被理解为自己的呢?霍恩认为这是因为起作用的原则不同:①是Q原则在起作用,诱发上限隐涵,听话者的推理不能超越上限,至多是"a woman";②是 R 原则在起作用,诱发下限隐涵,听话者可以做出超出上限的推理,得出"不止是 a finger"的隐涵。

说话人本可以使用强式但未使用,说明他假定听话人可以按照常规推断出所要表达的强式的意义。这里霍恩又区分了有标记语(marked expression)和无标记语(unmarked expression)。有标记语是比较复杂或者冗长的话语,无标记语就是相对简短的、语义强度较弱的话语。说话者使用无标记语时,倾向于通过 R 原则隐涵同某些无标记的、一成不变的意义、用法或情景发生联系;使用有标记语时,倾向于通过 Q 原则隐涵有标记信息的意思,即无标记语无法传达的信息。

---

① Levinson, *Pragmatics*, Cambridge University Press, 1983, p. 133.

如在餐桌用餐时说出:

① Can you pass me the salt?

② Do you have the ability to pass me the salt?

两句话传达了不同的意思,无标记语①是要求听话人把盐递过来,而有标记语②,则传达了①无法传达的意思,是问听话人是否有能力执行这一行为。

三、莱文森的三条原则

莱文森在合作原则的基础上试图对霍恩的原则进行改善,提出了以下三条原则:

1. 量原则(the principle of quantity),即 Q 原则

说话人:不要提供比你掌握的实际知识所允许的程度更弱的陈述,除非与 I 冲突;

听话人:把说话人所做的陈述看作与他知识一致的最强陈述。

如:① John or Jim went to the film.

② John and Jim went to the film.

如果 John went to the film 表示为 p,Jim went to the film 表示为 q,那么,①可表示为($p \vee q$),②可表示为($p \wedge q$),则①($p \vee q$)和②($p \wedge q$)构成对立等级。那么当说话人说弱项①而没有说②时,就隐涵了说话人不知道强项②是否成立。当涉及霍恩语言等级时,说话人说出弱项,则隐涵强项不成立;当涉及的是对立集合而非霍恩等级时,说出弱项,则隐涵说话人不知道强项是否成立。

2. 信息量原则(the principle of informativeness),即 I 原则

说话人:体现最小化原则(the maxim of minimization),只提供实现交际目的所需的最少语言信息(同时遵循 Q 原则);

听话人:体现充实原则,通过寻找最具体解释的方法扩展说话人话语的信息内容。

如:① If you mow the lawn, I will give you 10 yuan.

② If and only if you mow the lawn, I will give you 10 yuan.

说话人说出相对简短的①句,听话人充实信息,读出②句的意思。因为在日常语言应用中,逻辑上的"如果……那么"通常被错误地理解为"当且仅当"。

3. 方式原则(the principle of manner),即 M 原则

说话人:不要无端选用冗长、晦涩、有标记表达式;

听话人:如果说话人选用冗长、晦涩、有标记表达式,则说明它所表达的意思与无标记语所表达的意思不一样,须设法避免无标记语所带来的定型联想和信息量含义。

如:① Can you do me a favor?

② Do you have the ability to do me a favor?

说话人使用有标记语②,是为了避免无标记语①所带来的习惯性解读"请帮我个忙,好吗?"而是传达"是否有能力帮助我?"这个意思。如果说话人只是想让听话人帮个忙,那么根据方式原则"不无端使用有标记语",则他应该选择前者进行表达。

新格赖斯理论被看作对格赖斯理论的一种补充,在涉及"语言等级"和"对立集合",以及"标记语表达式"有无时,可以解释为什么得出一种隐涵内容而不是其他,有明确的规则可循。但理论的普适性仍然不够强,只在涉及语言等级和有无标记语表达式时才能具有充分的解释力。新格赖斯理论面临的最大诘难还是原则间的分工不清,正像伦敦大学语言学家卡斯顿所指出的一样,理论的各个原则之间并不对立,甚至可以互相转化。他给出这样的例子:

① a. John was reading a book.

b. John was reading a non-dictionary.

② a. Some people like eating raw liver.

b. Not everyone likes eating raw liver.

①b 是根据信息量原则推导出来的隐涵意思,对 a 作常规解读;②b 是根据霍恩等级或语言等级做出的解读。但是②a 也完全可以用信息量原则进行扩充,从而得出②b 隐涵;①中的 book,dictionary 也可以构成霍恩等级〈dictionary,book〉,说出弱项 book,就隐涵了强项 dictionary 不成立,所以至少新格赖斯理论的原则在这两个例子中并不冲突。

卡斯顿还给出以下的例子来说明新赖斯理论的失效情况:

③ a. I broke a finger.

b. I broke one of my own fingers.

④ a. I found a finger.

b. I found someone else's finger.

根据信息量准则,③a 可以解读为③b,但是同样的句式,④a 却解读为④b,同样是 a finger,为什么一个例子中解读为自己的,另一个句子中却解读为他人的呢?

四、关联理论

几乎与新格赖斯理论同时,斯波伯(Dan Sperber)和威尔逊(Deirdre Wilson)创立了关联理论。关联理论与格赖斯和新格赖斯理论大相径庭,它仅仅涉及格赖斯的相关准则,认为关联性是一切交际得以进行下去的根本依据。

他们认为如果听话人判定一句话是意欲有关联的,就会想方设法对它做这样的解读,即使这意味着要读进去一些这句话所没有公开传递的信息。如果听话人判定一句话是意欲无关的,他仍然可以从中获取一些有关联的信息。也就是说表面无关的话也可以被看作传递了某些有关信息,只要这句话被认为针对前一句。听话人会设法从一句话中听出他认为说话人企图说的话,他对一句话意欲有的关联性判断将决定他准备付出多少努力去寻找这句话的寓意。例如:

① Where is my box of chocolates?

② Where are the snows of yesteryear?

③ I was feeling hungry.

④ I have got a train to catch.

②③④的回答看上去都与①不相关,②③在加进去一些他们所未公开传递的信息之后,就会与①有关联,④是以拒绝回答的方式对①的问题做出了间接反应。当然,这并不是说他们认为任何前后相继的两句话都是有关的,他们认为确实有不相关的话语存在,或是听错了前一句话,或是话语本身无关,或是没有考虑价值,但是他们只把这看作意外情况。对于哪些话语可以看作有关联的,他们做了这样的陈述:"如果一句话 P,和另一句话 Q,加上背景知识,能产生它们单独加上背景知识时所不能产生的新信息,就是有关联的。"

在关联理论的修订期,他们给出了两条关联原则的定义:

第一关联原则(认知原则),即人类认知常常与最大关联性相吻合;

第二关联原则(交际原则),即每一个明示的交际行为都应设想为它本身具有最佳关联性。

第十章 会话含义与表达

他们认为,"每一个明示交际行动都传递一种假定:该行动本身具备最佳关联性。"所谓最佳关联性,可以大致归纳为下面两条:(1)该明示刺激信号具有足够的关联性,值得听话者付出努力去处理它;(2)该明示刺激信号是说话者能力和意愿所允许的关联性最大的信号。根据他们的理论,在交际过程中,人们需要寻求付出最小努力就可以理解的方式去理解说话人的意图,但是要知道哪一种方式是付出最小努力的,就需要对所有可能的方式进行考察,而这种考察所需要付出的努力远远超出理解一句话语的努力。对这个问题,他们用"第一解读"来解决,即在所有符合"最佳关联性"假定的解读中,听话者第一个想到的解读就是说话者意欲传达的解读。

与认知原则相对应的是最大关联性,即付出尽可能小的努力而获得最大的语境效果;与交际原则相对应的是最佳关联性,即付出有效的努力之后获得足够的语境效果。最大关联性和最佳关联性是不能分开来讨论的,很多学者认为这两个性质是重复的,他们认为最大就等同于最佳,因此没有同时存在的必要。但是威尔逊和斯波伯的这两条原则其实是分别从说话人和听话人角度来说的,认知最大化是对听话人来说的,听话人在理解说话人意思时,竭力搜索出说话人的本意,这是一个使认知最大化的过程;最佳关联性是从说话人角度来说的,说话人在向听话人表达意思的时候,不需要把所有的信息一一陈列,只表达足够使听话人辨别出自己意图的信息就可以了,这是相对于说话人的省力原则。

斯波伯和威尔逊的关联理论只保留了格赖斯合作原则中的相关准则。他们认为交际是一个认知过程,人们说出话语就是为了让对方明白自己的意思,达到"互明"(mutual manifestness),途径就是寻找关联性,这是对话的最佳认识模式。付出最小的努力达到足够的语境效果,这便是最佳关联性,在日常的会话过程中,人们总是期望达到这样一种效果。关联理论将关联性提到重要的高度进行阐释,认为在交际的过程中,首先要确定话语之间的相关性,继而根据各种语境因素对话语进行"第一解读"推理,这一程序在理解隐涵的过程中显得尤其重要。然而这一理论还仍然停留在理论阐释的阶段,缺乏可操作性。并且在斯波伯和威尔逊的著作中,他们没有区分行为的关联性和表达的言语的关联性,

他们并不总是在同一意义上应用关联性概念。有时候,他

们的关联性仅等于产出的效应,有时候又仅等于投入的努力。更严重的是,虽然他们意识到"关联性是通过表达无关设想实现的,只要这个表达行为本身是有关联的",他们并没有深入研究这种关联性,把这种关联性去跟其他关联性区分清楚。①

这也正是关联理论问世以来追随者甚少的原因。

五、隐涵的特性

隐涵是言语行为中的重要现象,是人们在交际中难以避免的行为,它不但可以使我们的语言表达变得精练,还可以表达许多不便直言的意思。以上几种理论有助于我们理解隐涵的性质和内容。此外,我们还需要注意到隐涵的几个特性:可演算性、可消除性和不可分离性。

1. 可演算性

在交际语境中,说话者说出话语 U(FA)时隐涵了 FB,那么就有一个推理,即:话语 U(FA)和语境作为前提,得出结论 FB。也就是说,隐涵是可以被推理出来的,虽然这个推理并不一定有着严密的论证过程,但必然存在。

2. 可消除性

隐涵的产生和推演离不开语境,因此,话语 U(FA)在一个交际语境中产生的隐涵 FB,在另外一个不同的语境中,很可能不再产生。

3. 不可分离性

在一个交际语境中,隐涵 FB 的产生必然伴随某一话语 U(FA),或者话语 U(FA)的相似话语,也就是隐涵伴随着话语的意谓,它们是不可分离的。

在推理隐涵内容的过程中,必须重视对语境的把握。在那些要求明确性和准确性的场合,比如科学讨论、法庭审问、外交谈判等,不应该使用隐涵,也不应当通过隐涵来理解对方传达的思想和感情。在可以使用隐涵的场合,也要注意尽可能全面地把握语境,这样才能更准确地推理出隐涵的内容。例如:

A: Do you know where John lives?

---

① 姜望琪:《当代语用学》,第 152 页。

B: Yes, I do. he lives on the earth.

在这个例子中,很明显 B 的回答没有提供给谈话目的足够的信息量,那么这句话语是隐涵了 B 不愿意告诉 A John 的住处,还是表示了 B 想营造一种幽默的气氛呢?首先考虑谈话者的背景因素,在这次谈话中,如果 B 确实不知道 John 的住处,不具备这个知识背景,那么他说的话语就是为了营造一种幽默的气氛。如果这次谈话不止 A、B 两个人在场,还有 C 也在场,参与的人物数量发生了变化,而且 B 知道 John 不想让 C 知道他的住处(参与者的相互了解),为了达到这个目的,所以不能够直接回答 A 的问题,那么这句话语就隐涵了 B 不能回答;如果 A、B 两人都知道 John 不想让 C 知道他的住处,而且都知道对方也知道这一点(参与者的相互了解),那么这句话所隐涵的就是不能让 C 知道 John 的住处。再考虑一下副语言成分因素。在一定的语境中,我们通常会借助副语言成分来表达真实的思想感情,这与把语词和标点符号单单写在纸上是不同的,它非常生动。在这个例子中,如果 B 知道 John 的住处,且不存在第三者在场的情况,当 B 以一种调皮的口气回答这个问题时,那么说明 B 想营造一种幽默的气氛;当 B 以一种不耐烦的口气回答这个问题时,那就说明 B 不想告诉 A John 的住处。可见,话语在不同的语境中,并不是总有相同的隐涵。例如:

A:小李今天怎么没来上班?

B:他昨天也没来。

首先考虑谈话者的背景,如果 A 是单位领导,B 是职员,而且与小李在争夺先进工作者称号,那么可能 B 的回答隐涵了"小李连续两天没来上班,所以不是一个好职员",是在向领导告状。如果 A、B 和小李三个人是好朋友,那么 B 的回答则可能隐涵了对小李的关切,提示 A 可能小李近两天发生了什么事情。谈话者的身份不同,话语的隐涵是不同的。再看谈话的场合,如果这次对话是在办公室里,那么 B 的回答可能隐涵了对小李的不满;如果是在喝下午茶的时间,B 的回答则可能表达他对小李今天仍然没来上班感到吃惊。再看副语言成分,如果 B 的语气很不屑,则可能他的回答隐涵了他对小李的不满;如果 B 的语气很吃惊,则可能说明他对于小李连续两天没来上班感到奇怪,怀疑是否有事情发生。

推理隐涵的过程如果看作逻辑蕴涵的形式,听话人只需找出尽可能多的前提,便可得到准确的隐涵。可以表示为:

逻辑思维与表达

$$p \wedge p_1 \wedge p_2 \wedge p_3 \wedge \cdots \wedge p_n \to q$$

也可以将得出隐涵的过程看作一个归纳过程,获得越多的语境信息,则得到准确隐涵的概率越大;如果得到全部的语境信息,则必然得到准确的隐涵。理论上,在交际中推理的前提会越来越多,数量庞大,使得听话人要付出更多的努力去整理前提。但是在实际的话语交际中,并不存在语境过于庞大以至于难于处理这种情况,这是因为"语境是择定的,而不是给定的"。并不需要将所有存在的语境因素都考虑进来,只要将与话语有关的信息囊括进来就可以,明显无关的信息可以从前提当中剔除出去。

六、隐涵的次准则

隐涵(会话含义)除了要遵守相应的准则外,还要遵守一定的次准则。

1. 赞誉次准则:有点过分但不太过分的赞誉,是一种礼貌

(1) 因听话人为说话人做了有益的事,说话人赞誉听话人。例如:

方鸿渐:"老赵,你了不起! 真有民主精神,将来准做大总统。"(钱锺书《围城》)

(2) 因崇敬听话人,说话人赞誉听话人。例如:

你是我心中的英雄,梦中的白马王子。

2. 谦虚次准则:有点过分但不太过分的谦虚,是一种礼貌

(1) 自我谦虚,以此赞誉听话人。例如:

破风筝:……王先生,我居然也有了稿费,太阳从西边出来的事! 我得分一半给你! 要不是你给我修改,就能登出去,才怪!

王力:这不是请我吃饭了吗? 就不分稿费啦!

破风筝:哼,今儿的饭,跟我的稿子差不多,光是豆腐青菜,找不到几块肉! ……(老舍《方珍珠》)

(2) 受到别人的赞美,听话人自我谦虚。例如:

鸣凤:你不晓得我看见你我多高兴……你不晓得我多尊敬你! ……有时候你真像天上的月亮……我晓得我的手是挨不到的。

觉慧:不要这样说,我不过是一个平常的人,跟你一样的人。(巴金《家》)

3. 一致次准则:减少分歧或对立,力求一致,至少达到部分一致

例如:

觉慧:不,我一定要走! 我偏偏要跟他们作对,让他们知道我是一个

什么样的人。我要做一个旧礼教的叛徒。

……

觉新:我说过要帮忙你,我现在一定帮忙你……你不是说过有人借路费给你吗?我也可以给你筹路费,多预备点钱也好。以后的事到了下面再说。你走了我看也不会有多大问题。

觉慧:真的?你肯帮忙我?(觉慧走到觉新面前抓住哥哥的膀子,惊喜地大声问道)(巴金《家》)

4. 同情次准则:减少反感,增进谅解,加深友谊

(1) 说话人同情听话人。例如:

"鸣凤,真苦了你了。在你这样的年纪你应该进学堂读书。像你这样聪明,一定比琴小姐读得好。"(巴金《家》)

(2) 交谈双方互相同情。例如:

"梅,我负了你。……我后来知道这几年你受够了苦,都是我带给你的。想到这一层,我怎么能够放下这颗心?"

"我有我的母亲,你有大表嫂。大表嫂又是那么好,连我也喜欢她。我不愿意给你唤起往事。我自己倒不要紧,我这一生已经完了。不过我不愿使你痛苦,也不愿使她痛苦。"(巴金《家》)

5. 宽宏次准则:得理让人,给别人留面子

例如:

方珍珠:"孟先生!从前你欺负过我的父亲,帮助过妈妈往外卖我,你也说过:共产党一到,我们就玩完。我要是爱记仇的话,我满可以去告你,告你陷害我!可是,我看您这么大岁数了,不愿那么办。"(老舍《方珍珠》)

6. 恰当的称呼次准则:视尊卑、长幼、亲疏之不同,在交际中对听话人使用恰当的称呼也是一种礼貌

例如:

"触犯了国家法律的年轻的朋友们!"(1983年曲啸)

除了上面介绍的几条准则外,幽默准则、克制准则也是隐涵要遵守的准则。

幽默准则包含如下几个次准则:

1. 岔断次准则

话语语义的逻辑发展突然中断,结局在意料之外,然而在情理之中,造成一种顿悟的美。

(1) 衬跌：把相关联的多种事物罗列起来，使听话人感受到一种明确的方向性动势，然后猛然一跌，从而产生出幽默效果来。例如：

乙：我要是戴一支钢笔哪？

甲：那不用说，是高小程度。

乙：啊！我戴两支钢笔。

甲：初中啊。

乙：我戴三支？

甲：高中啊。

乙：我戴四支？

甲：那你就上大学了。

乙：我要戴五支呢？

甲：你要戴五支啊？

乙：我就是大学教授。

甲：不，修理钢笔的。（相声《五支笔》）

(2) 顿跌：说话人故意把一句话拆开来，先说一半，顿一下，暗示出语义发展方向，使听话人产生误会，然后再把后一半说出来，而造成"顿悟"式的笑。例如：

乙：没有灯啊，马路上不能骑！

甲：我钻胡同！

乙：哎，胡同里没有灯更危险！

甲：不管它那一套，钻胡同我就骑上了。咦，对面儿又来了一个警察。

乙：那你快下来吧。

甲：下来？我趁他没瞧见，抹回头来一拐弯儿，"滋溜"一下子！这回他再想找我都找不着啦。

乙：你到家了？

甲：掉沟里啦！（相声《夜行记》）

(3) 歇后，例如：

猪八戒吞钥匙——开心

困在玻璃上的苍蝇——有光明，没前途

2. 倒置次准则

话语中，先肯定一个内容，随后在和前面相近似的言语形式中"装入"

新的内容,变成对前面肯定内容的否定或对立,造成语义逻辑发展方向的颠倒而引发笑声。

(1) 主客关系倒置,例如:

  乞丐:先生!两年前你每次给我十元钱,去年减为五元,现在只给一元。这是为什么?

  施舍者:两年前我是单身汉,去年我结了婚,今年又添了个小孩,为了家用,我只能节省开支。

  乞丐:你怎么能用我的钱去养活你的家人呢?

(2) 因果关系倒置,例如:

"小聪明"(绰号)受雇捕杀××广场的一群鸽子,被公安机关抓获并处以罚款。离开拘留所后,急去拜谢雇主,深鞠躬谢曰:"谢恩人,若不是你给了我一笔钱,我怎么能交得出那么多罚款呢?"

(3) 事物逻辑关系颠倒,例如:

某小国跟邻邦某大国矛盾日深,小国大使与大国首脑交涉时,以战争威胁说:"我国有一万五千士兵,五十辆坦克,一百架飞机。"大国首脑哈哈大笑:"我们多一百倍。"小国大使脸色凝重地说:"这样说来,我须向我国政府请示。"第二天,小国大使提出妥协,并解释其原因:"我们国家太小,容纳不下一百五十万战俘。"

(4) 轻重关系倒置,例如:

大河崩堤,洪水汹涌而至。一民警冲入一间小屋,背起白发老人就往一座山丘上跑。老人大叫:"放下我,我不能走,还有根珍贵的手杖掉在屋里呢!"

3. 转移次准则

词语的言语意义转移,违拗了其语言意义,造成了主体语言经验、审美观念与现实话语的种种矛盾,从而产生幽默情趣。

(1) 反语,例如:

上野的樱花烂漫的时节,望去确也像绯红的轻云,但花下也缺不了成群结队的"清国留学生"的速成班,头顶上盘着大辫子,顶得学生制帽的顶上高高耸起,形成一座富士山。也有解散辫子、盘得平的,除下帽来,油光可鉴,宛如小姑娘的发髻一般,还要将脖子扭几扭。实在标致极了。(鲁迅《藤野先生》)

(2) 飞白:模仿、记录或援引他人语言运用中出现的错误或者作者自己故意说错、写错某些话,以造成幽默情趣。

(3) 易色:变异词语的感情色彩、形象色彩、语体色彩、时代色彩等。如褒词贬用、雅词俗用、俗词雅用、古词今用、今词古用等,以此形成幽默情趣。

① 褒词贬用,例如:

寡妇也没有请李梅亭批准,就主仆俩开了一个房间。大家看了奇怪,李梅亭尤其义愤填膺,背后里嘀咕了好一阵:"男女有别,尊卑有分。"(钱锺书《围城》)

② 贬词褒用,例如:

"……也不知道是谁把我存下的破袜子都给补了。"小侯举起几双不好的袜子说,"今天大部分人都在这儿,是谁干的,自己坦白吧!"(张天民《院士》)

(4) 降用:把通常只在一些大场合、大事件中使用的词语用于跟它极不相称的小场合、小事件中。例如:

"酒店里的人大笑了,阿Q看见自己的勋业得到了赏识,便愈加兴高采烈起来。'和尚动得,我动不得?'"(鲁迅《阿Q正传》)

4. 干涉次准则

话语的组合违拗了语言系统对话语组合的规定性,现实组合的一个词语的两种意义的冲突,或者两个及以上词语之间的矛盾,造成语言审美经验与现实话语之间的干涉,并进一步在新的层次、新的语言信息解码原则上统一了起来,从而产生幽默情趣。

(1) 双关

① 借义双关,例如:

"碰壁?"我说,"你怎么会碰壁呢?是不是走路不小心?"

"你想,四周黑洞洞的,还不容易碰壁么?"

"哦!"我恍然大悟,"墙壁当然比鼻子硬得多,怪不得你把鼻子碰扁了。"

在座的人都哈哈大笑起来。(周晔《我的伯父鲁迅先生》)

② 谐音双关,例如:

黄浦江上有座桥,江桥腐朽已动摇。江桥摇,眼看要垮掉;请指示,是拆还是烧?

(2) 矛盾

(3) 精细

5. 降格次准则

利用言语形式,在心理上故意降低幽默对象的等级,使崇高者鄙俗化,庄严者油滑化,精神者具象化,使人"物化",借以释放说话人的情感郁积。

6. 升格次准则

说话人设法显示、渲染自己学识渊博、聪明机智、举止潇洒的形象,赢得听话人的好感,从而赞赏说话人的超群智力,并基于"自居心理"分享说话人的愉悦,从而形成幽默。

(1) 歪解

(2) 妙答

(3) 归谬

克制准则为说话人由于种种原因不能直言不讳地训斥他人,而是采用克制的方式表达对他人的不满或责备。包含如下几种情形:

1. 讽刺挖苦

例如:

林佩珊斜睨着范博文道:"博文!我要送你一盒名片,印的头衔是:田园诗人兼侦探小说家!好么?"(茅盾《子夜》)

2. 指桑骂槐

例如:

曾思懿:"对了,是我逼他老人家,吃他老人家,喝他老人家,成天在他老人家家里吃闲饭,一住就是四年,还带着自己的姑爷。"(曹禺《北京人》)

3. 说反话

例如:

中国军人的屠戮妇婴的伟绩,八国联军的惩创学生的武功。(鲁迅《纪念刘和珍君》)

参考文献

[1] 岑运强,石艳华. 二十年来语言和言语问题研究述评[J]. 汉语学习,2008(4).

[2] 尘元. 在语词的密林里[M]. 生活·读书·新知三联书店,2017.

[3] 陈宗明. 语句的语义和语用分析[J]. 逻辑与语言学习,1986(6).

[4] 高名凯,石安石. 语言学概论[M]. 北京:中华书局,1963.

[5] 洪堡特. 论人类语言结构的差异及其对人类精神发展的影响[M]. 姚小平,译. 北京:商务印书馆,1999.

[6] 姜望琪. 当代语用学[M]. 北京:北京大学出版社,2003.

[7] 卡西尔. 语言与神话[M]. 于晓,等,译. 北京:生活·读书·新知三联书店,1988.

[8] 柯匹等. 逻辑学导论[M]. 张建军,等,译. 北京:中国人民大学出版社,2007.

[9] 黎锦熙. 新著国语文法[M]. 北京:商务印书馆,1955.

[10] 李衍华. 咬文嚼字的逻辑[M]. 北京:北京大学出版社,2005.

[11] 孙伟平. 从爱因斯坦模式看逻辑思维与直觉思维的互补关系[J]. 学术界,1992(5).

[12] 索绪尔. 普通语言学教程[M]. 高名凯,译. 北京:商务印书馆,1980.

[13] 索振羽. 语用学教程. 北京:北京大学出版社,2004.

[14] 谭大容. 笑话、幽默与逻辑[M]. 北京:北京大学出版社,2005.

[15] 王纬等. 中外幽默小品选[M]. 南京:江苏人民出版社,1983.

[16] 伍铁平. 谈语言中不合逻辑的现象[J]. 逻辑与语言学习,1983(6).

[17] 杨玉成. 奥斯汀:语言现象学与哲学[M]. 北京:商务印书馆,2013.

[18] 袁宾. 近代汉语"好不"考[J]. 中国语文,1984(3).

[19] 张大友. 修辞趣话[M]. 北京:旅游教育出版社,1993.

[20] 张惠民. 语言逻辑辞典[M]. 西安:世界图书出版公司西安公司,1995.

[21] 章志光. 心理学[M]. 3版. 北京:人民教育出版社,2002.

[22] 郑伟宏. 逻辑与智慧新编[M]. 北京:北京大学出版社,2005.

[23] 周礼全. 逻辑:正确思维和成功交际的理论[M]. 北京:人民出版社,1994.

[24] 朱德熙. 汉语句法里的歧义现象[J]. 中国语文,1980(2).

[25] Austin J L. How to Do Things with Words[M]. London:Oxford University Press, 1962.

[26] Craig R T. Goals in Discourse[M]// Ellis D G., Donohue W A. Contemporary Issues in Language and Discourse Processes. Hillsdale, NJ:Lawrence Erlbaum Associates, Inc, 1986.

[27] Edmondson W. Spoken Discourse:A Model for Analysis [M]. London:Longman, 1981.

[28] Grice, H. P. Logic and Conversation[M]//Cole P, Morgan J. Syntax and Semantics:Vol. 3. New York:Academic Press,1975.

[29] Levinson S. Pragmatics[M]. Cambridge:Cambridge University Press, 1983.

[30] Raidl M H, Lubart T I. An Empirical Study of Intuition and Creativity[J]. Imagination, Cognition and Personality, 2000/2001, 20(3).

[31] Searle J R. Expression and Meaning:Studies in the Theory of Speech Acts[M]. London:Cambridge University Press, 1979.

[32] Searle J R. Speech Acts:An Essay in the Philosophy of Language [M]. London:Cambridge University Press,1969.

[33] Sperber D, Wilson D. Relevance:Communication and Cognition [M]. Oxford:Blackwell, 1986.

后　记

　　转眼间通识课《逻辑思维与表达》已经上了六七个轮回，材料几经修改仍然难以让人满意，虽然课堂效果还算差强人意，但书稿总是难产。无奈，丑媳妇总要见公婆，在此抛砖引玉，以就教于大方之家。在编写这本书稿的时候，参考了很多大家的研究成果，有些还是网络的作品，在此向诸位深表感谢，也深表歉疚。书稿第九章的撰写者是南京艺术学院的焦肃东博士，第十章的撰写者是连云港师范专科学校的马广杰硕士，收入本书获得了他们的同意，特此说明。在书稿杀青之时，难忘哲学系领导的厚爱和提携，难忘教务处领导的帮助和关怀，特别是郑昱老师的妙手点睛，才有了这本书稿的面世，谢谢他们！